致敬 KOBE BRYANT

科比，
永不退场

段冉 ○ 著

典藏版

北京时代华文书局

KOBE BRYANT

科比·布莱恩特

永不退场！

NBA
EVER

BLACK
MAMBA

目录

PART 1

曼巴本色

1999年5月9日，
湖人队101：100火箭队

　　科比职业生涯的**第一次绝杀**献给了休斯敦火箭队，那个赛季火箭队拥有哈基姆·奥拉朱旺、查尔斯·巴克利和斯科蒂·皮蓬的"三巨头组合"，湖人队和火箭队在季后赛第一轮相遇。

　　系列赛第一场进行到最后时刻，奥尼尔抢篮板造成巴克利犯规，可惜奥尼尔两罚仅一中，湖人队99：100还落后1分。

　　火箭队进攻，皮蓬出现失误被德里克·费舍尔抢断，时间还剩7秒，湖人队还有机会。当时还不满21岁的科比最后选择**运球突破**，防守他的萨姆·马克被胯下变向晃得失去重心，马克自己倒地的同时也带倒了科比，裁判响哨吹罚马克犯规，科比站上罚球线**两罚全中**。随着卡蒂诺·莫布里最后的上篮被奥尼尔封盖，湖人队拿下了本场**胜利**，并最终以大比分**3**：**1**淘汰了火箭队。

1999 年 12 月 27 日，
湖人队 108 : 106 独行侠队

比赛进行到最后 1 分钟，奥尼尔罕见地两罚全中帮助湖人队 106 : 103 领先，随后迈克尔·芬利迎着科比防守命中三分球，帮助独行侠队扳平比分。

湖人队执行最后一攻，科比**接球后直杀篮下**，虽然后转身上篮不中，但造成了肖恩·卢克斯防守犯规，站上罚球线的科比**两罚全中**，帮助湖人队赢下对手。

虽然那年只有 21 岁，但科比已经展现出自己强大的内心，关键时刻方显英雄本色，**绝杀球**日后也逐渐成为科比的代名词。

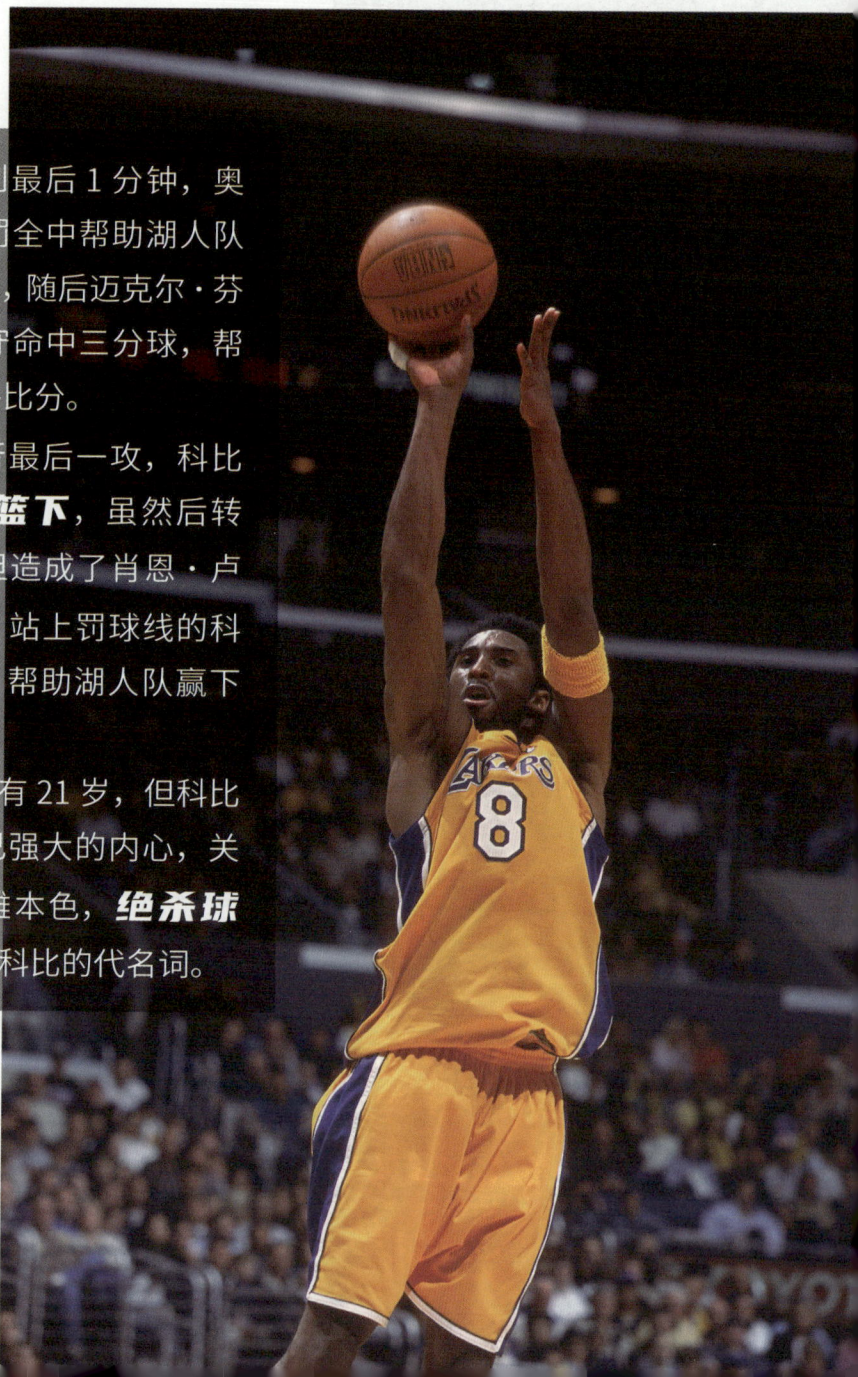

1999—2000 赛季季后赛第二轮 G2，比赛还剩 43 秒时，湖人队以 94：96 落后太阳队 2 分，科比造成哈达威犯规，但两罚只有一中，随后太阳队的进攻哈达威没能得分，最后 20 秒，落后 1 分的湖人队将球交给科比，面对贾森·基德的贴身盯防，科比**中距离跳投命中**，只给太阳队留下 2.5 秒的时间，随着哈达威投篮不中，湖人队拿下**最后的胜利**。

2000 年 5 月 10 日，湖人队 97：96 太阳队

比赛还剩 11.5 秒结束时，汤姆·古格里奥塔接基德助攻命中三分，比分被改写为 83 平，随后湖人队进攻科比中投命中留给太阳队 2.3 秒时间，克利福德·罗宾逊最后三分球远投不中，成全了科比的**又一次绝杀**表演。

2001 年 2 月 7 日，
湖人队 85：83 太阳队

比赛还剩 37 秒结束时，泰伦·卢的得分将比分改写为 110 平，篮网队鲁西奥斯·哈里斯三分球不中，湖人队握有最后一攻的机会。科比借奥尼尔的掩护杀进内线，面对三人包夹上篮命中，还造成了肯扬·马丁的犯规，他罚球命中后湖人队也以 113：110 拿下这场胜利。

2001 年 2 月 13 日，湖人队 113：110 篮网队

比赛还剩 9.7 秒时，P.J. 布朗投篮命中，帮助黄蜂队将比分追至 94 平，湖人队最后一攻，科比接球后无视篮下要位的奥尼尔，选择了自己单打，他突破至右侧三分线内一步，急停虚晃找到空间，出手、球进、哨响，整个过程一气呵成，让防守他的乔治·林奇无可奈何。

　　2001—2002 赛季季后赛第二轮 G4，比赛还剩 2 分 10 秒时，科比**三分命中**将比分改写为 85 平，此后双方陷入"得分荒"。湖人队最后一攻，德里克·费舍尔罚球线跳投不中，科比冲入禁区在史蒂夫·史密斯头顶**抢下进攻篮板**，面对大卫·罗宾逊的封盖，他轻巧地挑篮命中完成了**绝杀**。

2002 年 5 月 12 日，
湖人队 87：85 马刺队

2002 年 12 月 6 日，
湖人队 105 ：103 独行侠队

比赛还剩 30 秒结束时，双方战成了 103 平，球权掌握在湖人队手中，执行最后一攻的任务交到了科比手中。面对范埃克塞尔的防守，科比选择了直接**运球突破**，还是熟悉的右侧三分线内一步的位置，看到了随时可能上前补防的诺维茨基，科比直接选择**翻身跳投**，范埃克塞尔只能在身后目送科比完成绝杀。值得一提的是，第 4 节开始时湖人队 61 ：88 落后独行侠队 27 分之多，科比单节轰下 21 分的同时，还用一记**绝杀**帮助球队完成了逆转。

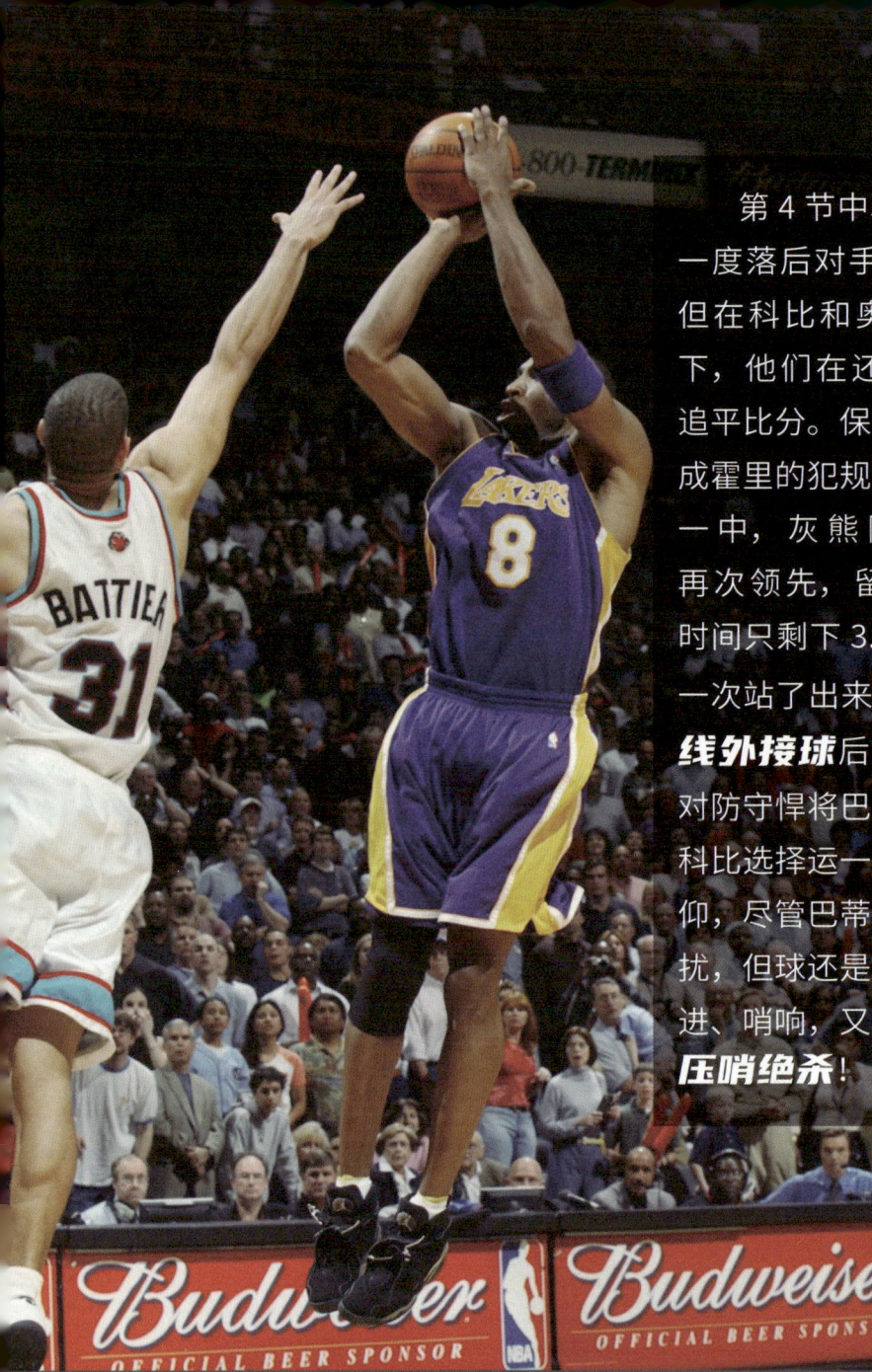

第 4 节中段，湖人队曾一度落后对手 18 分之多，但在科比和奥尼尔的带领下，他们在还剩 26.1 秒时追平比分。保罗·加索尔造成霍里的犯规，但两罚只有一中，灰熊队 101：100 再次领先，留给湖人队的时间只剩下 3.3 秒。科比再一次站了出来，**弧顶三分线外接球**后启动突破。面对防守悍将巴蒂尔的贴防，科比选择运一步直接拔起后仰，尽管巴蒂尔伸手做出干扰，但球还是飞进篮筐，球进、哨响，又是一次完美的**压哨绝杀**！

2003 年 4 月 4 日，
湖人队 102：101 灰熊队

2003 年 12 月 19 日，
湖人队 101：99 掘金队

原本握有 4 分领先的湖人队最后时刻进攻"断电"，"小甜瓜"安东尼连续两次造成犯规，四罚全中，帮助掘金队在比赛还剩 2.5 秒结束时扳平比分。湖人队的最后一攻还是选择相信科比，在**弧顶三分线外接球**的他这次**选择向左侧突破**。时间所剩不多，科比机智地用急停拔起的假动作晃飞贴防的琼·巴里，并在计时器响起前完成出手，哨响、球进，掘金队成为科比的背景板。

科比在第4节最后1秒面对帕特森投进**三分球**，把比赛拖入加时赛。而在第二个加时赛最后时刻，科比再度在拉特利夫头上投中**三分球**。湖人队以105：104险胜对手。**"双绝杀"**就此诞生！

2004年4月14日，
湖人队105：104开拓者队

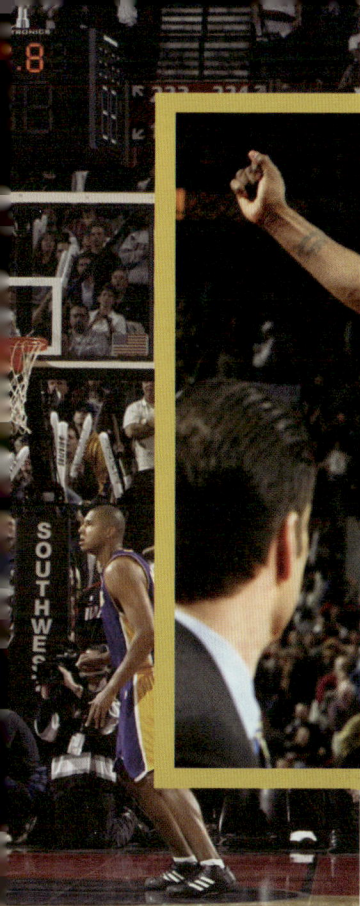

2005 年 3 月 12 日，
湖人队 117 ∶ 116 山猫队

终场前 1 分 23 秒，联盟新军山猫队还以 5 分领先湖人队，甚至在最后还剩近 1 秒时依然掌握着 1 分的领先优势，但**科比最后 0.9 秒绝杀山猫队**，并率领湖人队以 117 ∶ 116 取胜，而科比在第 4 节斩获 21 分以及绝杀演出，令人叹为观止。他**全场砍下 32 分**。

　　2005—2006赛季湖人队的首场比赛便是奔赴客场挑战掘金队，两队常规时间打成89平，进入紧张刺激的加时赛，科比开始接管比赛。97平之后，湖人队握有最后一攻的机会，夸梅·布朗虽然没有打中，但抢到进攻篮板，在比赛还有3秒左右结束时，球传到科比手中，科比先是假动作晃起安德烈·米勒，随后在米勒和纳胡拉双人封盖下完成**急停跳投**，球飞进篮筐的同时，结束铃响起，掘金队再次成为科比封神的背景板。

2005 年 11 月 2 日，
湖人队 99 ∶ 97 掘金队

能够在决定胜负的关键时刻命中最简单的罚球，考验的不仅是投篮基本功，更是球员的心理素质，这场比赛就是最好的证明。

比赛还剩 17.4 秒结束时，科比造成基斯·博甘斯犯规，他稳稳地**两罚全中**，帮助湖人队将比分追至 97：98。山猫队进攻科比对布莱文·奈特犯规，走上罚球线的奈特两罚不中，给了湖人队机会。最后一攻科比造成伯纳德·罗宾逊犯规，再次站上罚球线，科比还是稳稳地**两罚全中**，最终湖人队依靠科比的**罚球绝杀**拿下一场胜利。

2005—2006 赛季季后赛首轮，湖人队和太阳队苦战 7 场遗憾落败，虽然球队没能晋级，但科比的表现可圈可点，尤其是 **G4 的精彩绝杀，更是被球迷奉为经典**。第 4 节还剩 12.6 秒时，湖人队还落后 5 分，但斯马什·帕克先是命中三分，随后抢断纳什，科比在还剩 0.7 秒时**命中投篮**，将比赛拖入加时赛。加时赛进行到最后，落后 1 分的湖人队包夹纳什获得争球机会，中场跳球后球落到科比手中，他带球一路推进至罚球线附近，面对拉贾·贝尔和迪奥的双人防守，果断**拔起后仰跳投**，计时器亮起，球应声入网，绝杀就是这么轻松写意！

**2006 年 4 月 30 日，
湖人队 99 ： 98 太阳队**

2008 年 1 月 14 日，
湖人队 123 ：121 超音速队

新秀赛季的杜兰特虽然还稍显稚嫩，但也展现出不错的得分潜力，本场比赛第 4 节最后时刻，正是他的三分球拯救了球队。但进入加时赛后，科比又一次挺身而出接管比赛，最后时刻他连得 4 分将比分改写为 121 平。杜兰特投篮不中，还剩 20.3 秒结束时，球权回到湖人队手中。面对还是新秀的杰夫·格林，科比**突左侧后拔起后仰**，用自己最擅长的方式**绝杀**比赛，全场轰下 48 分，给杜兰特好好上了一课。

麦克·邓利维三分球命中扳平比分后给湖人队留下了 26.4 秒，面对绝杀的机会科比选择压时间。面对贾瑞特·杰克的防守，科比在还剩 7 秒时开始启动，他先是背打向三分线内推进，行进到罚球线附近时直接**翻身跳投**。尽管矮了科比一头的杰克奋力起跳干扰，但可惜他的防守对科比完全无效，球压哨入筐后，比赛也失去了悬念。

2009 年 1 月 9 日，湖人队 121：119 步行者队

2009 年 12 月 5 日，
湖人队 108 ：107 热火队

　　这场比赛被无数球迷奉为经典，两大超级得分后卫为球迷们献上了一场巅峰对决。比赛还剩 3.2 秒结束时，韦德造成科比犯规走上罚球线，两罚一中的结果为随后的绝杀时刻埋下伏笔。

　　落后 2 分的湖人队只能孤注一掷相信科比。摆脱双人夹击接到边线球后，科比只能向弧顶方向行进。面对韦德的步步紧逼，科比单脚起跳，飘移着几乎用单手将球投出，球在空中画出完美的弧线砸到篮板后笔直地弹进了篮筐。尽管有一点运气成分，但结果就是这么神奇，108 ：107，科比**绝杀**了韦德，湖人队战胜了强敌！

加时赛还剩 1 分 25 秒结束时，雄鹿队已经以 106：100 获得了 6 分领先，但随后的比赛再次进入科比时间。**跳投、突破2+1**，科比连拿 5 分缩小分差，雄鹿队里德诺和里德连续两次投篮偏出。最后一攻的机会再次回到湖人队手中，科比接球后，面对比自己小一圈的查理·贝尔，他突破至左侧三分线内一步时半转身呈背打姿势。节奏上的变化让查理·贝尔多往后撤了一步，科比趁势半转身面对篮筐来了一记**后仰跳投**，不出意料，球进的同时计时器亮灯，雄鹿队输给了湖人队！

2009 年 12 月 16 日，
湖人队 107：106 雄鹿队

2010 年 1 月 1 日，
湖人队 109 ：108 国王队

距比赛结束还剩 4.8 秒，国王队以 108 ：106 领先并拥有球权，就当球迷认为比赛已经没有悬念的时候，站上罚球线的乌多卡却两罚不中。保罗·加索尔抢到关键的篮板，留给湖人队的时间还剩 4.1 秒。暂停回来，湖人队边线球发到了弧顶三分线外的加索尔手中，此时科比反跑和防守他的塞尔吉奥·罗德里格斯身体接触后得到空位的机会，加索尔人到球到送出助攻，科比接球的同时跳步调整，直接拔起投出一记**压哨绝杀三分球**，斯台普斯中心瞬间沸腾，全场响起了"**MVP**"的呐喊声。

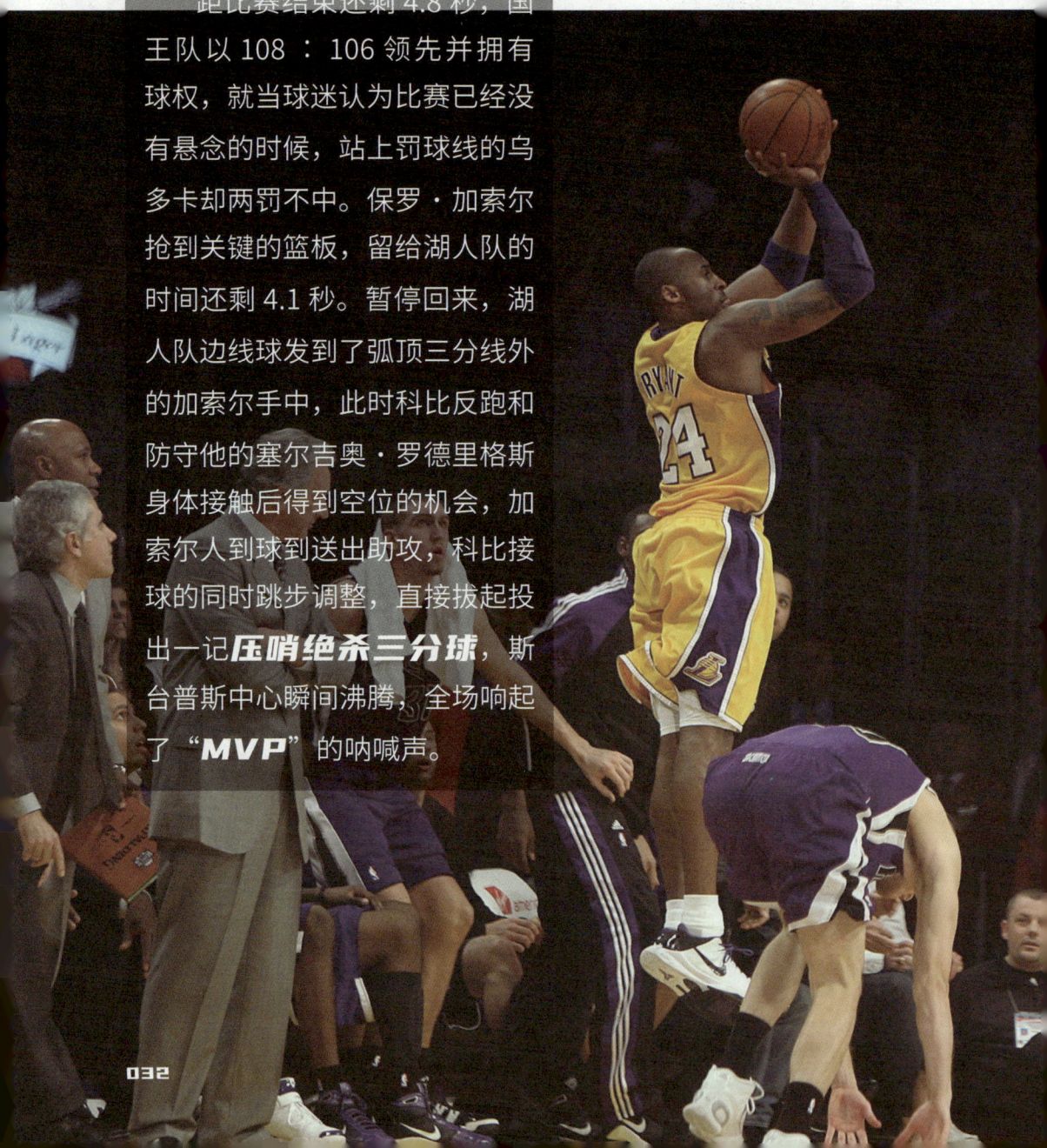

2010 年 1 月 31 日，
湖人队 90 : 89 凯尔特人队

　　做客挑战老对手凯尔特人队，科比虽然 20 投 8 中，只得到 19 分，但在最关键的时刻，他给了"绿衫军"致命一击。比赛进行到最后 1 分钟，落后 3 分的湖人队先由慈世平挺身而出，他投篮命中后又造成皮尔斯进攻犯规，球权再次回到湖人队手中。科比接球后面对雷·阿伦走左侧突破，雷·阿伦死死卡住位置，科比对抗停球后虚晃一下直接**原地拔起后仰**，雷·阿伦伸直双臂完成一次完美的单防，但球还是直直地飞进篮筐。

　　这是科比单赛季的第 5 次绝杀，面对老对手灰熊队，科比在这场比赛的最后时刻又一次成为救世主。比赛进入最后 1 分钟，科比的**三分球**命中，帮助湖人队扳平比分。但随后鲁迪·盖伊投篮命中，帮助灰熊队以 98 ：96 领先，保罗·加索尔投篮失手，湖人队只能使用犯规战术，可 O.J. 梅奥竟然两罚不中，又是熟悉的剧情。湖人队最后一攻，科比的突破被马克·加索尔封盖，好在球权仍在湖人队手中，时间还剩 8.8 秒。湖人队为科比安排了无球战术，借助保罗·加索尔的掩护，绕出三分线的科比获得空位机会，接到奥多姆的传球后，科比直接**拔起投三分**，球应声入网，湖人队反超比分。最后 4.3 秒，O.J. 梅奥也获得一次绝杀的机会，但他的投篮没能命中，最终灰熊队在主场饮恨。

2010 年 3 月 9 日，
湖人队 109：107 猛龙队

比赛还剩 9.5 秒结束时，克里斯·波什的三分命中一度让猛龙队看到了希望，但随后这一丝希望就被科比扼杀。加索尔接到边线球后直接传给了右侧三分线外的科比，科比面对安托万·赖特的防守选择突底线方向。眼看科比开始移动，本该盯防奥多姆的巴格纳尼直接上前夹击，在两个人的合力封盖面前，科比在底线附近**转身跳起完成投篮**，在篮下的卡位的克里斯·波什眼睁着球飞过自己头顶落入篮筐，湖人最终在**主场**拿下一场**胜利**。

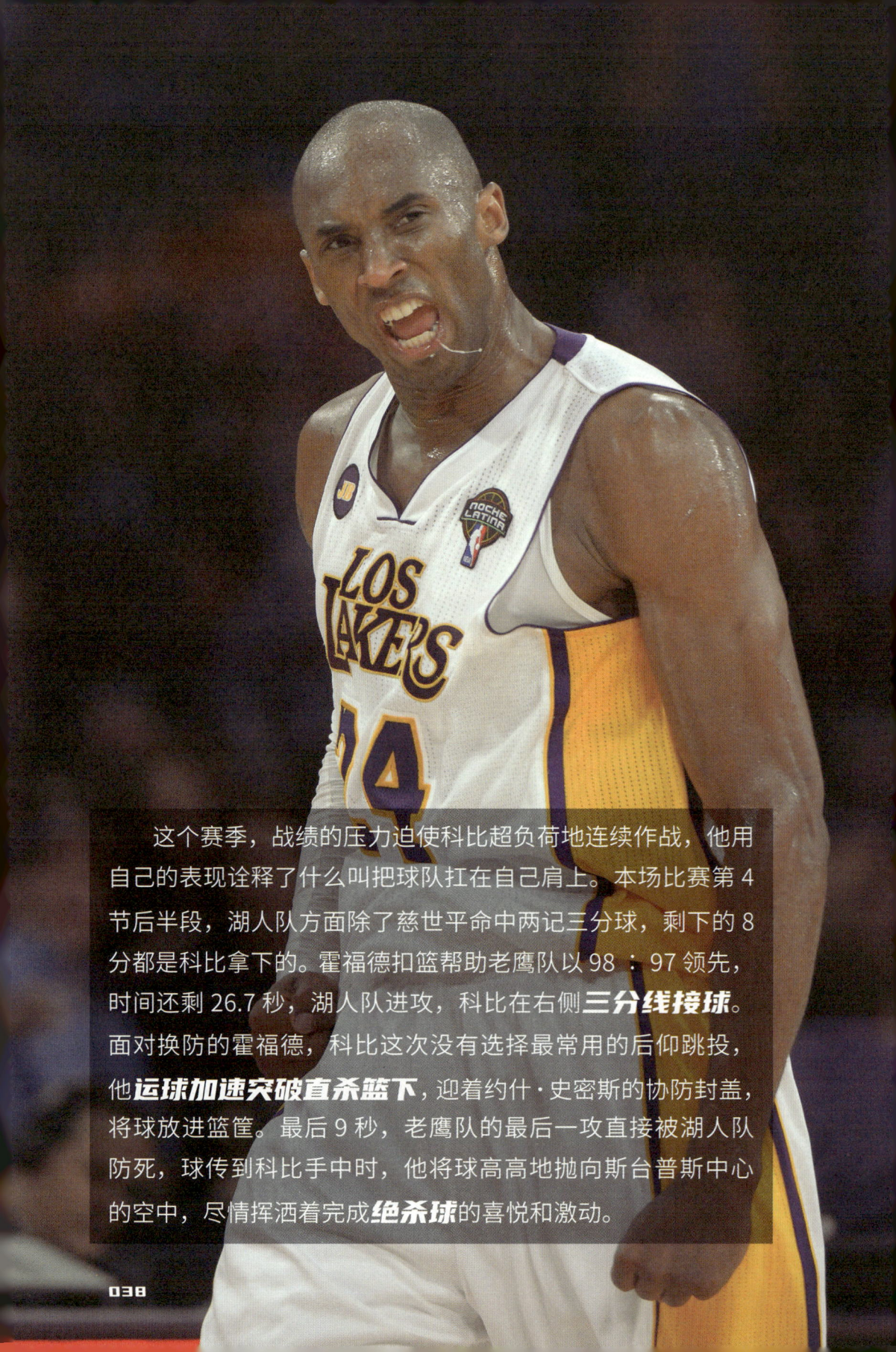

这个赛季，战绩的压力迫使科比超负荷地连续作战，他用自己的表现诠释了什么叫把球队扛在自己肩上。本场比赛第4节后半段，湖人队方面除了慈世平命中两记三分球，剩下的8分都是科比拿下的。霍福德扣篮帮助老鹰队以98：97领先，时间还剩26.7秒，湖人队进攻，科比在右侧**三分线接球**。面对换防的霍福德，科比这次没有选择最常用的后仰跳投，他**运球加速突破直杀篮下**，迎着约什·史密斯的协防封盖，将球放进篮筐。最后9秒，老鹰队的最后一攻直接被湖人队防死，球传到科比手中时，他将球高高地抛向斯台普斯中心的空中，尽情挥洒着完成**绝杀球**的喜悦和激动。

2013 年 3 月 3 日，
湖人队 99 : 98 老鹰队

科比职业生涯的最后一次绝杀，经历过大伤之后的"黑曼巴"还是那个熟悉的冷血刺客。比赛进行到最后时刻，湖人队以 86：87 落后一分，科比的投篮和大卫·韦斯特的三分球先后偏出，还剩 25 秒时，湖人队获得了宝贵的球权。面对所罗门·希尔的防守，科比先是佯装突破，在身体接触的瞬间，他顺势后转身挤进三秒区，运球调整一步。眼看篮下的罗伊·希伯特不敢上前协防，科比选择在所罗门·希尔面前抛投，球空心入网，时间还剩 12.4 秒。步行者最后一攻，罗伊·希伯特的仓促出手没能命中，成就了科比的**最后一次绝杀**表演。

绝杀时刻

1999 年 5 月 9 日	湖人队 **101** ： **100** 火箭队
1999 年 12 月 27 日	湖人队 **108** ： **106** 独行侠队
2000 年 5 月 10 日	湖人队 **97** ： **96** 太阳队
2001 年 2 月 7 日	湖人队 **85** ： **83** 太阳队
2001 年 2 月 13 日	湖人队 **113** ： **110** 篮网队
2002 年 2 月 22 日	湖人队 **96** ： **94** 黄蜂队
2002 年 5 月 12 日	湖人队 **87** ： **85** 马刺队
2002 年 12 月 6 日	湖人队 **105** ： **103** 独行侠队
2003 年 4 月 4 日	湖人队 **102** ： **101** 灰熊队
2003 年 12 月 19 日	湖人队 **101** ： **99** 掘金队
2004 年 4 月 14 日	湖人队 **105** ： **104** 开拓者队
2005 年 3 月 12 日	湖人队 **117** ： **116** 山猫队
2005 年 11 月 2 日	湖人队 **99** ： **97** 掘金队
2005 年 12 月 4 日	湖人队 **99** ： **98** 山猫队
2006 年 4 月 30 日	湖人队 **99** ： **98** 太阳队
2008 年 1 月 14 日	湖人队 **123** ： **121** 超音速队
2009 年 1 月 9 日	湖人队 **121** ： **119** 步行者队
2009 年 12 月 5 日	湖人队 **108** ： **107** 热火队
2009 年 12 月 16 日	湖人队 **107** ： **106** 雄鹿队
2010 年 1 月 1 日	湖人队 **109** ： **108** 国王队
2010 年 1 月 31 日	湖人队 **90** ： **89** 凯尔特人队
2010 年 2 月 23 日	湖人队 **99** ： **98** 灰熊队
2010 年 3 月 9 日	湖人队 **109** ： **107** 猛龙队
2013 年 3 月 3 日	湖人队 **99** ： **98** 老鹰队
2015 年 1 月 4 日	湖人队 **88** ： **87** 步行者队

PART 2
关键先生

2000 年 6 月 14 日，
湖人队 120 ：118 步行者队

1999—2000 赛季总决赛第 4 场，带伤出战的科比成为球队的**救世主**，加时赛中，在奥尼尔 6 犯离场后他接管了比赛。比赛还剩 7 秒时，布莱恩·肖勉强出手打铁，此时科比从篮下**飞起补篮命中**，将比分改写为 120 ：117，最后 5 秒钟雷吉·米勒虽然造成里克·福克斯无球犯规一罚命中，但随后他的压哨三分却砸筐而出，湖人队以 120 ：118 惊险地拿下这场胜利，系列赛总比分变为 3 ：1。最终，湖人队以 4 ：2 战胜对手，"OK 王朝"就此拉开序幕。

第 4 节比赛还剩 14.2 秒结束时，科比用招牌的投篮拯救球队，106 平，比赛进入加时赛。加时赛还剩 42.6 秒结束时，斯蒂芬·马布里两罚全中，将比分改写为 113 平。随后是湖人队的进攻，科比**右侧三分线外接球**，面对肖恩·马里昂，科比两次用脚步试探后直接拔起投篮，虽然踩进三分线，但两分球也足够致命。最后 29.6 秒太阳队斯塔德迈尔和马里昂先后投篮偏出，最终遗憾落败。

2003 年 4 月 6 日，
湖人队 115 ：113 太阳队

2004 年 3 月 3 日，
湖人队 96 ：93 火箭队

比赛还剩 39.2 秒结束时，吉姆·杰克逊的得分帮助火箭队以 93 ：92 反超比分。暂停过后，科比借队友掩护在姚明的防守封盖下中投命中。最后 31.7 秒，姚明的投篮偏出，弗朗西斯只能对费舍尔犯规，"老鱼"稳稳地两罚全中，最终湖人队以 96 ：93 惊险战胜火箭队。

科比在还剩 3.9 秒时的绝杀投篮没能命中，常规时间双方战成 92 平。加时赛中奥尼尔和卡尔·马龙合力拿下 10 分，一度让湖人队看到赢球的希望，但基斯·范霍恩的三分球命中帮助雄鹿队以 103∶102 再次取得领先。危难时刻科比再一次挺身而出，面对范霍恩的防守，科比在**弧顶运球**找到节奏后直接**拔起跳投**，球进后给对手留下 25.1 秒。最后时刻范霍恩的两分以及里德的三分出手全都没能命中，凭借科比的**准绝杀，**湖人队笑到了最后。

2004 年 3 月 21 日，
湖人队 104∶103 雄鹿队

2006 年 1 月 7 日，
湖人队 112 ： 109 快船队

　　快船队本赛季进步显著，这也让"洛杉矶德比"更具看点。本场比赛最后时刻，"船长"布兰德的投篮命中一度让球队看到赢球的希望，但科比在还剩 11.4 秒时**突破抛投命中**，110 ： 109，湖人再次取得领先。快船队最后一攻出现失误，斯马什·帕克抢断后直接完成扣篮，最终还是湖人队技高一筹。

科比和詹姆斯的正面对决为球迷奉献了一场经典的比赛，第 4 节最后时刻，科比接过湖人队的进攻大旗，他**连续中投命中**帮助球队紧咬比分。比赛还剩 8.6 秒结束时，科比顶着詹姆斯的贴身防守和伊尔戈斯卡斯的协防封盖**中投命中**，99 : 97，湖人队领先 2 分。

2006 年 1 月 12 日，
湖人队 99 : 98 骑士队

骑士队最后一攻，詹姆斯造成科比犯规，虽然他第二罚不中，但德鲁·古登抢到关键的篮板球，最后 4.2 秒，詹姆斯还有机会，但可惜他的压哨投篮没能命中，骑士队只能吞下一场败仗。

2008 年 5 月 21 日，
湖人队 89 ： 85 马刺队

　　2007—2008 赛季西部决赛第一场，坐镇主场的湖人队和马刺队你来我往，比分始终没能拉开，最后时刻，蒂姆·邓肯禁区内自投自抢完成得分，85 平。湖人队进攻，科比持球面对防守专家布鲁斯·鲍文，他先是借助保罗·加索尔的掩护急停急起拉开距离，运球到罚球线附近时主动对抗顶开鲍文，眼看没人上来协防，科比顺势直接**拔起投篮**，球应声入网。最后 20 秒，吉诺比利错失三分球之后，马刺队只能祭出犯规战术，萨沙·武贾西奇两罚全中终结比赛。

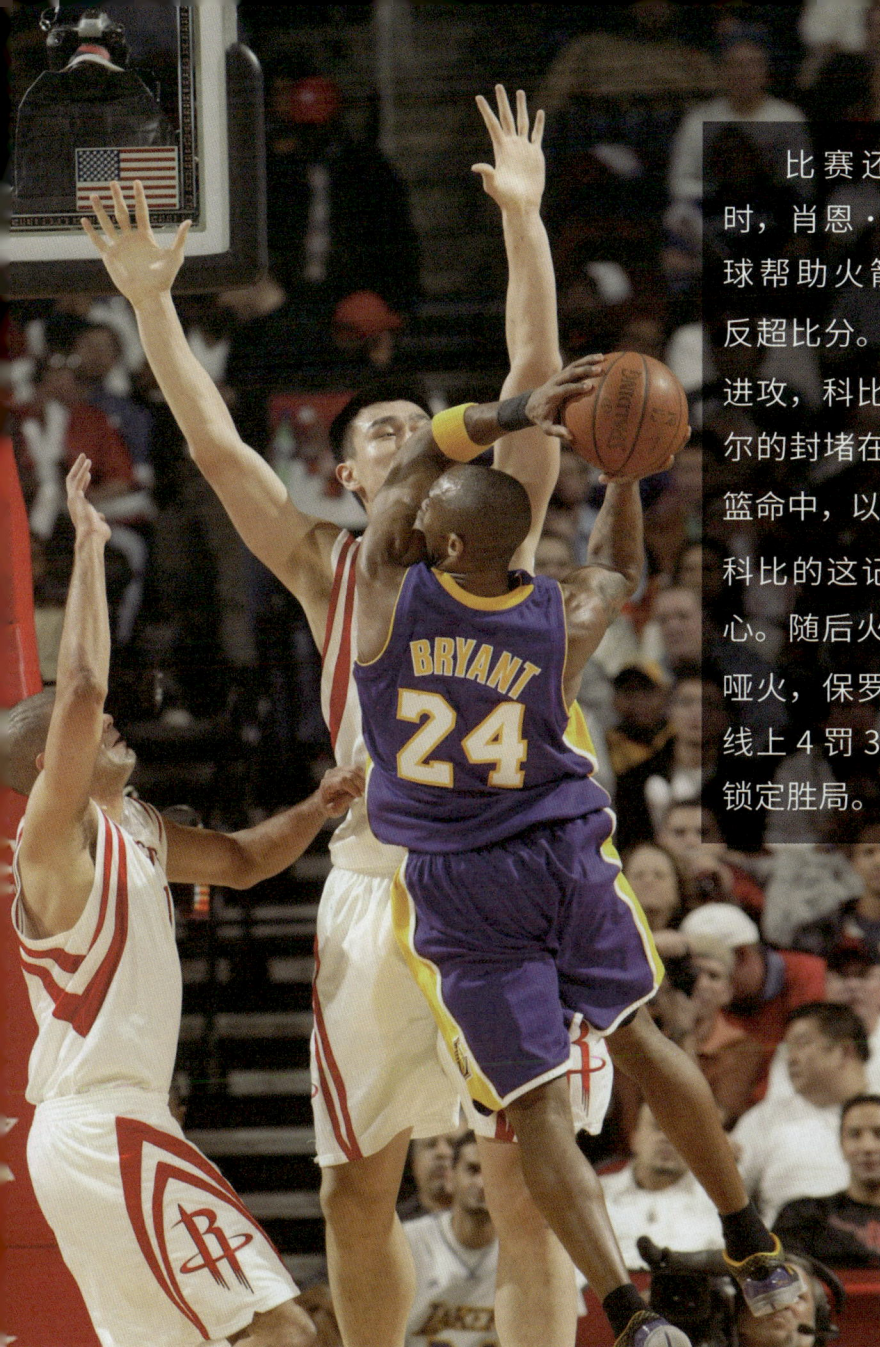

比赛还剩 47.9 秒结束时，肖恩·巴蒂尔命中三分球帮助火箭队以 100：99 反超比分。随后是湖人队的进攻，科比接球后顶着巴蒂尔的封堵在三分线外一步投篮命中，以彼之道还施彼身，科比的这记**三分球**杀人诛心。随后火箭队的进攻彻底哑火，保罗·加索尔在罚球线上 4 罚 3 中，帮助湖人队锁定胜局。

2009 年 1 月 13 日，
湖人队 105：100 火箭队

2010 年 1 月 13 日，
湖人队 100 ： 95 独行侠队

比赛还剩 42.9 秒结束时，贾森·基德助攻德克·诺维茨基投中三分球，比分变成 95 平。随后是湖人队的进攻，科比面对约什·霍华德，突破一步后直接拔起后仰跳投，球进的同时给独行侠队留下了 28.9 秒的时间。可惜的是，独行侠队的丹尼尔两罚不中，约什·霍华德和贾森·特里的三分球也没能命中，安德鲁·拜纳姆和乔丹·法马尔的罚球帮助湖人队以 100：95 拿下了胜利。

2012 年 2 月 12 日，
湖人队 94：92 猛龙队

比赛进行到最后时刻，三分球你来我往，比分节节上升，还剩 16.9 秒结束时，何塞·卡尔德隆投篮命中，帮助猛龙队以 92：91 反超比分。暂停过后湖人队进攻，科比接球后顺势向底线方向运球，在詹姆斯·约翰逊没有及时跟上的情况下，科比半转身面对篮筐完成一记经典的**后仰跳投**，球进的同时给对手留下 4.2 秒的时间。猛龙队最后一攻竟然发球违例，祭出犯规战术的他们无奈地将科比送上罚球线，随着科比**两罚一中**，比分定格在 94：92。

2012 年 3 月 31 日，
湖人队 88 ：85 黄蜂队

　　贾瑞特·杰克再次成为科比的背景板，比赛还剩35.9 秒结束时，以 83：85 落后的湖人队拥有球权，面对比自己矮了一头多的杰克，科比在左侧三分线外直接拔起，完全忽视杰克的防守。这记精彩的**准绝杀**再次点燃斯台普斯中心，最后20.2 秒，在全场球迷的助威声中，杰克没能命中救赎之球，随着马特·巴恩斯两罚全中，湖人队有惊无险地拿下一场胜利。

2013 年 3 月 8 日，
湖人队 118 : 116 猛龙队

　　第 4 节还剩 8.4 秒结束时，科比在进攻中投中绝平三分，帮助湖人队延续获胜的希望。加时赛中，科比再次挺身而出，最后 26.9 秒，湖人队进攻，科比**运球直杀篮下完成扣篮**，此时时间还剩 10.6 秒，湖人队以 117 : 115 取得两分优势。在随后的比赛中，猛龙队阿兰·安德森造成霍华德犯规，但两罚只有一中，随着纳什最后命中罚球，湖人队最终以 118 : 116 击败对手。

关键一击

2000 年 6 月 14 日	湖人队 **120** ： **118** 步行者队
2003 年 4 月 6 日	湖人队 **115** ： **113** 太阳队
2004 年 3 月 3 日	湖人队 **96** ： **93** 火箭队
2004 年 3 月 21 日	湖人队 **104** ： **103** 雄鹿队
2006 年 1 月 7 日	湖人队 **112** ： **109** 快船队
2006 年 1 月 12 日	湖人队 **99** ： **98** 骑士队
2008 年 5 月 21 日	湖人队 **89** ： **85** 马刺队
2009 年 1 月 13 日	湖人队 **105** ： **100** 火箭队
2010 年 1 月 13 日	湖人队 **100** ： **95** 独行侠队
2012 年 2 月 12 日	湖人队 **94** ： **92** 猛龙队
2012 年 3 月 31 日	湖人队 **88** ： **85** 黄蜂队
2013 年 3 月 8 日	湖人队 **118** ： **116** 猛龙队

PART 3

高分时刻

81 分

全场比赛科比出场 41 分 56 秒，46 投 28 中，其中三分球 13 投 7 中、罚球 20 罚 18 中，得到 81 分的同时，还拿下 6 个篮板、2 次助攻、3 次抢断、1 个盖帽。第 1 节科比**打满 12 分钟，单节轰下 14 分**完成热身；第 2 节他的手感热得发烫，**登场 6 分钟又拿下 12 分**；易边再战，科比进入"杀神模式"，变得几乎不可阻挡，单节 **20 投 15 中**，其中**包括 4 个三分球，单节 27 分**帮助球队逆转了 14 分的差距；最后一节比赛彻底成为科比的表演时间，虽然猛龙队想尽办法，可还是防不住他，科比**单节 28 分**远超猛龙队全队的 19 分，最终湖人队以 122：104 逆转猛龙队拿下一场胜利。

2007年3月16日，
湖人队 116：111 开拓者队

湖人队经过加时赛才惊险地战胜对手，毫无疑问，他们赢球的最大功臣是科比，全场比赛科比**出场49分58秒，投篮39投23中，其中三分球12投8中、罚球12罚11中，65分、7个篮板、3次助攻、3次抢断**是他交出的最终成绩。面对"青年近卫军"开拓者，科比给还是新秀的布兰顿·罗伊好好上了一课，"黑曼巴"用各种得分手段告诉球迷什么叫作第一得分后卫！

2005 年 12 月 20 日，
湖人队 112 ∶ 90 独行侠队

62分

单场 62 分只能排在科比生涯高分的第三位，但需要注意的是，这场比赛其实有着很大的不同。一来这是科比生涯第一次**单场得分达到 60 分**；二来科比**仅仅出战三节**就拿到了 **62 分**！在这场面对独行侠队的比赛里，三节过后科比出场 32 分 53 秒，投篮 31 投 18 中，其中三分球 10 投 4 中、罚球 25 罚 22 中，得到 62 分的同时，还有 8 个篮板、3 次抢断入账，而此时独行侠队全队不过只有 61 分。最后一节当科比的教练问他需不需要继续上场时，科比选择待在场下，否则得分一定更高。

2009 年 2 月 2 日，
湖人队 126 ： 117 尼克斯队

在安东尼拿到 62 分之前，这场比赛的 61 分一度是麦迪逊花园的最高分纪录。

61 分

似乎每一个伟大的球星都需要在麦迪逊花园留下属于自己的表演，比如乔丹，他曾经在这里缔造过多次经典，科比也不例外。2008—2009 赛季，在湖人队做客麦迪逊花园挑战尼克斯队的比赛里，科比**全场 31 投 19 中，其中罚球 20 罚全中，拿下了 61 分**。

距离上一次单场 60+ 过去不到一周时间，科比就再次火力全开，客场挑战孟菲斯灰熊队，在对方缺少顶级外线防守球员的情况下，科比**出场 45 分 11 秒，拿下 60 分、5 个篮板、4 次助攻**。灰熊队在保罗·加索尔的带领下一直紧咬比分，这位科比日后的内线搭档此战拿下 35 分、15 个篮板、2 次助攻，迈克·米勒投中 6 记三分球得到 33 分、7 次助攻，虽然拥有一内一外两个得分点，但限制不住科比也意味着灰熊队的输球在情理之中。

2007 年 3 月 22 日，湖人队 121：119 灰熊队

60分

2016 年 4 月 14 日，
湖人队 101 ： 96 爵士队

这场比赛是科比的**退役战**，在全球的瞩目之下，科比面对爵士队拿到**60分**，并且比赛过程还极具戏剧性。科比带领着湖人队在一度落后15分的情况下上演大逆转，当他在罚球线上取得自己的第60分时，大概就是最完美的时刻。要知道，在此之前，NBA其他球员的谢幕战最高不过是29分，科比足足把这个数字提高到60分，大概真的是前无古人、后无来者了。

2006 年 12 月 29 日，
湖人队 124 ： 133 山猫队

　　湖人队客场挑战山猫队，科比拿下全场最高的 58 分，但最后时刻他 6 次犯规被罚出场，湖人队苦战三个加时赛最后以 124 ： 133 不敌山猫队，科比的 58 分也打了水漂。

58 分

2002 年 1 月 14 日，
湖人队 120 : 81 灰熊队

本场比赛，湖人队中锋奥尼尔停赛，科比挺身而出，在前三节就砍下 56 分，全场比赛，科比出场 34 分钟，34 投 21 中，其中三分线外 6 投 3 中、罚球 12 罚 11 中，此外他还贡献 5 个篮板、4 次助攻，湖人队主场以 120 : 81 大胜灰熊队。

56 分

2003 年 3 月 28 日，
奇才队 94 ：108 湖人队

这场比赛是"飞人"乔丹在斯台普斯中心的最后一次表演，面对乔丹，科比的表现堪称无人能及，全场砍下 55 分致敬自己的偶像。

科比上半场独得 42 分，创造球队历史上半场的最高纪录；同时，科比全场拿下 55 分，创造当赛季全联盟单场得分最高纪录。最终，湖人队在主场以 108 ：94 击败华盛顿奇才队，延续了主场对奇才队的 10 连胜。

55 分

2006 年 12 月 15 日，火箭队 101 ：112 湖人队

这是姚明与科比的巅峰对决！首节比赛，姚明 6 分、4 个盖帽帮助火箭队建立起 19 分的领先，科比仅依靠罚球拿下 2 分。而第 2 节的比赛，科比疯狂地轰下 17 分。

常规时间结束前 28 秒，姚明投中关键一球，扳平比分，将比赛送进加时赛。第一个加时赛，姚明与科比难较高下，当科比将比分超出，姚明再次帮助火箭队将比分扳平。第二个加时赛科比独得 7 分成了最后赢家，当他突破火箭队防线反手扣篮，在斯台普斯中心飞翔的时候，这场好莱坞式的大戏画上了完美的句号。科比 53 分、10 个篮板、8 次助攻，姚明 35 分、15 个篮板、4 次助攻、8 个盖帽。

53分

2007 年 3 月 30 日，
火箭队 107：104 湖人队

　　湖人队主场迎战火箭队，科比出场 47 分钟，44 投 19 中，拿下全场最高的 53 分，但是最终火箭队以 107：104 战胜湖人队取得 3 连胜。

53 分

2008 年 3 月 28 日，湖人队 111：114 灰熊队

洛杉矶湖人队主场迎战孟菲斯灰熊队，结果科比大开杀戒，全场 37 投 19 中，一人狂砍 53 分、10 个篮板，然而湖人队最终功亏一篑，以 111：114 惜负于灰熊队。

53 分

2003 年 2 月 18 日，
湖人队 106 ：99 火箭队

湖人队主场迎战火箭队，奥尼尔缺阵，科比再一次力挽狂澜。虽然拖着一条受伤的残腿，科比却拿下 52 分、8 个篮板，以及全队最高的 7 次助攻，第一个加时赛中湖人队所得的 9 分是科比一人包办的，最终湖人队以 106 ：99 获得胜利。值得一提的是，姚明在该场比赛中首次 6 犯离场。

52 分

2006 年 11 月 30 日，
湖人队 132 : 102 爵士队

　　湖人队主场对阵爵士队，科比出场 34 分钟，26 投 19 中，三分球 3 投 2 中，罚球 15 罚 12 中，他得到 52 分、4 个篮板、3 次助攻，湖人队 132 : 102 击败爵士队。值得一提的是，科比本场比赛手感火热，三节比赛就砍下 52 分，第三节科比 11 投连中，单节狂砍 30 分。

52 分

2008年3月2日，
湖人队108：104独行侠队

　　科比全场27投15中，罚球27罚20中，拿下52分，第4节和加时赛，科比一个人贡献30分，其中第4节拿下22分，加时赛拿下8分，此外，科比全场还贡献11个篮板、4次助攻、1次抢断、2个封盖，光芒无人能及。

52分

　　湖人队客场迎战勇士队，科比 51 分钟 35 投 18 中，得到 51 分，这是科比的第一次 50 ＋，科比正式拉开了他的 50 ＋得分序幕。但不料当时效力于勇士队的安托万·贾米森在那场比赛中大爆发，他全场也轰下 51 分，成为第一个在科比头上轰下 50 分的球员，最终湖人队加时赛不敌对手，以 122 ：125 落败。

2000 年 12 月 6 日，湖人队 122 ：125 勇士队

51 分

51分

**2003 年 2 月 12 日，
湖人队 113：102 掘金队**

　　科比疯狂地抢下 51 分，当时他 28 投 15 中，
得到 20 次罚球，并且命中 18 球，洛杉矶湖
人队在客场以 113：102 轻取对手。

科比出战 44 分钟，35 投 17 中，拿到 51 分，其中科比首节势不可当，单节拿下 21 分，但湖人队最终还是以 109 ： 118 不敌国王队。

51分

2006 年 4 月 7 日，
湖人队 96：107 太阳队

　　湖人队客场挑战太阳队，科比出战 42 分钟，33 投 19 中，得到 51 分，可惜双拳难敌四手，太阳队 7 人得分上双，最终湖人队以 96：107 不敌对手。

51分

2006 年 1 月 7 日，湖人队 112：109 快船队

洛杉矶德比战，科比用自己的出色表现成为主宰者。他出场 45 分钟，41 投 17 中，其中三分球 15 投 7 中、罚球 10 罚 9 中，他带领湖人队在最后关头击败同城兄弟快船队。在这场比赛中，科比还有 8 个篮板、8 次助攻、1 次抢断。

50 分

2006 年 4 月 14 日，
湖人队 110：99 开拓者队

　　湖人队在主场迎战开拓者队，科比全场 28 投 17 中，狂砍 50 分，这是他本赛季第 6 次得分达到 50 分以上，最终，湖人队以 110：99 击败开拓者队，基本锁定季后赛名额。

50 分

2006 年 5 月 4 日，
湖人队 118：120 太阳队

　　这是科比季后赛唯一得分 50+，湖人队在主场迎战太阳队，科比 52 分钟 35 投 20 中，得到 50 分，最终湖人队经过一个加时赛以 118：126 不敌太阳队。科比的 50＋没能为湖人队带来一场胜利，最终湖人队在 3：1 领先的大好情况下被太阳队 4：3 淘汰。

50 分

2007年3月18日，湖人队109∶102森林狼队

　　湖人队在主场迎战森林狼队，科比三分球9投4中，拿下50分，率队以109∶102击败对手。这是科比连续50＋的第二场。

50分

2007 年 3 月 23 日，
湖人队 111 : 105 黄蜂队

湖人队背靠背迎战黄蜂队，科比前三节砍下 44 分，不过球队从领先 17 分到被对手追到 6 分。科比再次站起来，全场出战 46 分钟，29 投 16 中，得到 50 分，率队以 111 : 105 击败黄蜂队，球队获得四连胜，科比连续 4 场得分 50+。

50分

50 分

2007 年 4 月 12 日，
湖人队 110 ∶ 118 快船队

　　湖人队主场迎战快船队，科比全场出战 48 分钟，33 投 17 中，拿下全场最高的 50 分，但是湖人队以 110 ∶ 118 不敌快船队。

2007 年 4 月 15 日，湖人队 109 ： 98 超音速队

那是 2006—2007 赛季，湖人常规赛的倒数第二场比赛。此前湖人队已经遭遇 4 连败，季后赛席位并不稳固。此番面对超音速队，科比火力全开，25 投 18 中，其中三分球 6 投 3 中、罚球 13 罚 11 中，高效地砍下 50 分、8 个篮板、3 次助攻、2 次抢断，这场 50 ＋是科比单赛季拿到的第 10 场 50 ＋，这是一个非常疯狂的成就！

50分

高分场次

2006 年 1 月 22 日	湖人队 122 ： 104 猛龙队	81 分
2007 年 3 月 16 日	湖人队 116 ： 111 开拓者队	65 分
2005 年 12 月 20 日	湖人队 112 ： 90 独行侠队	62 分
2009 年 2 月 2 日	湖人队 126 ： 117 尼克斯队	61 分
2007 年 3 月 22 日	湖人队 121 ： 119 灰熊队	60 分
2016 年 4 月 14 日	湖人队 101 ： 96 爵士队	60 分
2006 年 12 月 29 日	湖人队 124 ： 133 山猫队	58 分
2002 年 1 月 14 日	湖人队 120 ： 81 灰熊队	56 分
2003 年 3 月 28 日	奇才队 94 ： 108 湖人队	55 分
2006 年 12 月 15 日	火箭队 101 ： 112 湖人队	53 分
2007 年 3 月 30 日	火箭队 107 ： 104 湖人队	53 分
2008 年 3 月 28 日	湖人队 111 ： 114 灰熊队	53 分
2003 年 2 月 18 日	湖人队 106 ： 99 火箭队	52 分
2006 年 11 月 30 日	湖人队 132 ： 102 爵士队	52 分
2000 年 12 月 6 日	湖人队 122 ： 125 勇士队	51 分
2003 年 2 月 12 日	湖人队 113 ： 102 掘金队	51 分
2006 年 1 月 19 日	湖人队 109 ： 118 国王队	51 分
2006 年 4 月 7 日	湖人队 96 ： 107 太阳队	51 分
2006 年 1 月 7 日	湖人队 112 ： 109 快船队	50 分
2006 年 4 月 14 日	湖人队 110 ： 99 开拓者队	50 分
2006 年 5 月 4 日	湖人队 118 ： 120 太阳队	50 分
2007 年 3 月 18 日	湖人队 109 ： 102 森林狼队	50 分
2007 年 3 月 23 日	湖人队 111 ： 105 黄蜂队	50 分
2007 年 4 月 12 日	湖人队 110 ： 118 快船队	50 分
2007 年 4 月 15 日	湖人队 109 ： 98 超音速队	50 分

PART 4

数说科比

00 科比职业生涯 0 分场次为 15 场，大部分场次出现在他的职业生涯早期。

▶▶

01
- 科比在 2007—2008 赛季荣膺常规赛 MVP，这是科比职业生涯唯一一次获得常规赛 MVP。
- 科比 20 年职业生涯只效力洛杉矶湖人队一支球队。
- 1996—1997 赛季全明星赛，科比获得扣篮大赛冠军。

▶▶

02
- 2008—2009 赛季、2009—2010 赛季，科比两次当选总决赛 MVP。
- 2005—2006 赛季、2006—2007 赛季，科比两次加冕 NBA 得分王。
- 科比获得 2008 年北京奥运会、2012 年伦敦奥运会两届奥运会男篮金牌。

▶▶

03 科比连续 3 个赛季季后赛总得分超过 600 分：
633（2007—2008 赛季）
695（2008—2009 赛季）
671（2009—2010 赛季）
科比是历史首位达成此成就的球员。

▶▶

04

- 在 2007 年 3 月 17 日至 24 日，科比再创得分神迹，连续轰下 65 分、50 分、60 分、50 分，带领湖人连续击杀开拓者队、森林狼队、灰熊队、黄蜂队。连续 4 次得分 50+，是单场得分 50+ 连续场次最长纪录。
- 科比 4 次获得了全明星 MVP 奖杯，与鲍勃·佩蒂特并列成为全明星 MVP 的最多获得者。

全明星赛 MVP	4	2002
		2007
		2009
		2011

- 科比有 4 个女儿。2003 年 1 月 19 日，科比的第一个女儿娜塔莉娅出生；2006 年 5 月 1 日二女儿吉安娜出生；2016 年 12 月 5 日三女儿碧昂卡出生；2019 年 6 月 22 日，科比与瓦妮莎的第四个女儿卡普里出生。

▶▶

05

科比 5 次赢得总冠军头衔，包括一次三连冠和一次两连冠。

总冠军	5	1999—2000
		2000—2001
		2001—2002
		2008—2009
		2009—2010

▶▶

06

科比单场 60+ 的场次共 6 次，在联盟历史上仅次于张伯伦。

▶▶

07

- 2006 年 2 月 13 日，湖人队对阵爵士队的比赛，科比送出 7 次抢断，为生涯单场最多。
- 科比 7 次获得西部冠军。

08

- 科比在湖人队生涯早期一直穿的是 8 号球衣，8 号时期科比获得：3 次总冠军、8 次全明星、1 次得分王、4 次最佳一阵、2 次最佳二阵、2 次最佳三阵、4 次最佳一防、2 次最佳二防。
- 科比青年时在意大利打球时身披的也是 8 号球衣。

09

科比 9 次入选最佳防守阵容一阵，这与迈克尔·乔丹、加里·佩顿和凯文·加内特并列历史第一。

10

10 号是科比在美国国家队的球衣号码，科比在 2008 年和 2012 年随美国队夺得奥运会金牌。

11

- 科比 11 次入选年度最佳阵容一阵。
- 科比曾两次单节投篮命中 11 球，为职业生涯最高纪录。

12

- 科比生涯 12 次入选最佳防守阵容，其中 9 次是最佳防守一阵，3 次是最佳防守二阵。
- 科比单场三分球命中数最多为 12 球。

详见（表 1）▶▶

13

- 1996 年首轮第 13 顺位被夏洛特黄蜂队选中，随即交易至洛杉矶湖人队。
- 科比季后赛单场得分 40+ 场次为 13 场。

详见（表 2）▶▶

14

2016 年 4 月 14 日，科比正式宣布退役。

▶▶

15

- 科比生涯 15 次入选 NBA 最佳阵容，包括 11 次一阵、2 次二阵、2 次三阵。
- 科比 15 次以首发身份出战 NBA 全明星赛。
- 2008—2009 赛季单赛季季后赛科比得分 30+ 次数为 15 次，超越奥尼尔的 13 次，创造湖人队队史纪录。

▶▶

16

科比是参加圣诞大战最多的球员，从 1996 年到 2015 年，科比 16 次参加圣诞大战，他无疑是 NBA 赛场上真正的"圣诞大战老人"。

▶▶

赛季	比赛	出场时间	命中率	命中数	出手数	三分命中率	三分命中数
2002—2003	超音速队 98：119 湖人队	37	57.1%	16	28	66.7%	12
2002—2003	奇才队 94：108 湖人队	41	51.7%	15	29	69.2%	9
2004—2005	爵士队 115：107 湖人队	44	61.5%	16	26	60.0%	9
2007—2008	灰熊队 114：111 湖人队	42	51.4%	19	37	52.9%	9
2006—2007	开拓者队 111：116 湖人队	50	59.0%	23	39	66.7%	8
2004—2005	超音速队 94：117 湖人队	40	68.2%	15	22	63.6%	7
2005—2006	76 人队 93：119 湖人队	35	65.5%	19	29	100.0%	7
2005—2006	快船队 109：112 湖人队	45	41.5%	17	41	46.7%	7
2005—2006	猛龙队 104：122 湖人队	42	60.9%	28	46	53.8%	7
2006—2007	奇才队 147：141 湖人队	47	62.5%	15	24	63.6%	7
2006—2007	凯尔特队 98：111 湖人队	42	52.0%	13	25	77.8%	7
2015—2016	森林狼队 115：119 湖人队	33	47.6%	10	21	63.6%	7

单场三分球命中 7+ 场次

三分出手数	罚球命中率	罚球命中数	罚球次数	篮板	助攻	抢断	盖帽	失误	犯规	得分
18	100.0%	1	1	3	3	1	1	2	2	45
13	88.9%	16	18	5	3	3	0	3	5	55
15	33.3%	2	6	3	4	2	0	3	2	43
17	85.7%	6	7	10	1	3	0	1	4	53
12	91.7%	11	12	7	3	3	0	2	3	65
11	83.3%	5	6	2	5	2	1	3	2	42
7	75.0%	3	4	10	2	2	0	7	2	48
15	90.0%	9	10	8	8	1	0	3	2	50
13	90.0%	18	20	6	2	3	1	3	1	81
11	80.0%	8	10	8	10	1	1	4	5	45
9	76.9%	10	13	8	8	0	2	2	2	43
11	91.7%	11	12	5	5	2	0	2	3	38

（表 1）

赛季	比赛	出场时间	命中率	命中数	出手数	三分命中率	三分命中数
2005—2006	太阳队 126：118 湖人队	52	57.1%	20	35	62.5%	5
2007—2008	掘金队 107：122 湖人队	42	66.7%	18	27	55.6%	5
2000—2001	国王队 113：119 湖人队	48	51.7%	15	29	100.0%	1
2000—2001	马刺队 90：104 湖人队	47	54.3%	19	35	50.0%	1
2006—2007	太阳队 89：95 湖人队	45	57.7%	15	26	66.7%	2
2011—2012	掘金队 102：99 湖人队	43	43.8%	14	32	45.5%	5
2003—2004	马刺队 90：98 湖人队	45	55.6%	15	27	50.0%	2
2011—2012	雷霆队 106：90 湖人队	41	54.5%	18	33	16.7%	1
2008—2009	掘金队 97：103 湖人队	41	50.0%	12	24	40.0%	2
2008—2009	火箭队 98：111 湖人队	40	59.3%	16	27	66.7%	2
2008—2009	掘金队 103：105 湖人队	43	46.4%	13	28	66.7%	2
2008—2009	魔术队 75：100 湖人队	38	47.1%	16	34	0.0%	0
2009—2010	太阳队 107：128 湖人队	35	56.5%	13	23	50.0%	3

季后赛单场得分 40+ 场次

三分出手数	罚球命中率	罚球命中数	罚球次数	篮板	助攻	抢断	盖帽	失误	犯规	得分
8	83.3%	5	6	8	5	3	0	7	4	50
9	88.9%	8	9	4	10	1	1	2	4	49
1	89.5%	17	19	16	3	2	1	2	2	48
2	75.0%	6	8	10	3	1	1	4	4	45
3	100.0%	13	13	6	6	1	1	5	3	45
11	90.9%	10	11	6	5	2	0	3	2	43
4	76.9%	10	13	6	5	3	1	0	2	42
6	71.4%	5	7	5	0	2	0	2	3	42
5	88.2%	15	17	6	5	2	0	1	4	41
3	85.7%	6	7	6	3	1	0	2	1	40
3	92.3%	12	13	6	4	0	1	1	3	40
1	100.0%	8	8	8	8	2	2	1	1	40
6	91.7%	11	12	5	5	1	0	2	1	40

（表2）

17

- 科比 17 次获得 NBA 月最佳球员。
- 2015 年 1 月 15 日，湖人队对阵骑士队的比赛，科比贡献 17 次助攻，是职业生涯单场最高。

18

- 科比 18 次入选全明星，仅次于贾巴尔的 19 次，排在历史第二位。但是，科比连续 18 次入选，创造了 NBA 历史纪录。
- 1997 年 1 月 28 日对阵独行侠队，18 岁 5 个月 5 天的科比首发出战，成为最年轻的首发球员。

19

19 岁 175 天，科比成为最年轻的全明星首发球员。

20

- 科比在湖人队打了 20 个赛季，这是 NBA 历史上效忠一支球队的球员中第二长的纪录，仅次于德克·诺维茨基在达拉斯独行侠队的 21 个赛季。
- 2009 年 2 月 2 日对阵尼克斯队的比赛，科比 20 次罚球全部命中，单场罚球命中率 100%。

21

- 科比职业生涯共获得 21 次三双。
- 2008 年 5 月 4 日对阵爵士队的比赛，科比单场罚球命中 21 球，创造季后赛单场罚球命中最高纪录。

22

- 科比季后赛单场打铁最高纪录为 22 次。
- 1999—2000 赛季 NBA 总决赛，科比首次拿到总冠军，当时他仅仅 22 岁。

▶▶

23

科比职业生涯单场罚球命中数最高为 23 球，曾两场比赛罚中 23 球。

▶▶

24

从 2006—2007 赛季开始，科比由 8 号球衣改穿 24 号球衣，在身穿 24 号球衣期间，2 次总冠军、2 次 FMVP、10 次全明星、1 次得分王、7 次最佳一阵、5 次最佳一防、1 次最佳二防。

▶▶

25

科比单场 50+ 的场次达到 25 次，在联盟历史上排名第三。

详见（表 3）▶▶

26

2004 年奥尼尔从湖人队转会至热火队，奥尼尔的离开使科比生涯首次成为球队老大，当时科比 26 岁。

▶▶

赛季	比赛	出场时间	命中率	命中数	出手数	三分命中率	三分命中数
2005—2006	猛龙队 104 ： 122 湖人队	42	60.9%	28	46	53.8%	7
2006—2007	开拓者队 111 ： 116 湖人队	50	59.0%	23	39	66.7%	8
2005—2006	独行侠队 90 ： 112 湖人队	33	58.1%	18	31	40.0%	4
2008—2009	尼克斯队 117 ： 126 湖人队	37	61.3%	19	31	50.0%	3
2006—2007	灰熊队 119 ： 121 湖人队	45	54.1%	20	37	42.9%	3
2015—2016	爵士队 96 ： 101 湖人队	42	44.0%	22	50	28.6%	6
2006—2007	山猫队 133 ： 124 湖人队	54	48.9%	22	45	36.4%	4
2001—2002	灰熊队 81 ： 120 湖人队	34	61.8%	21	34	50.0%	3
2002—2003	奇才队 94 ： 108 湖人队	41	51.7%	15	29	69.2%	9
2006—2007	火箭队 101 ： 112 湖人队	54	44.7%	17	38	62.5%	5
2006—2007	火箭队 107 ： 104 湖人队	48	43.2%	19	44	33.3%	3
2007—2008	灰熊队 114 ： 111 湖人队	42	51.4%	19	37	52.9%	9
2002—2003	火箭队 99 ： 106 湖人队	54	50.0%	19	38	33.3%	3
2006—2007	爵士队 102 ： 132 湖人队	34	73.1%	19	26	66.7%	2
2007—2008	独行侠队 104 ： 108 湖人队	51	55.6%	15	27	66.7%	2
2000—2001	勇士队 125 ： 122 湖人队	51	51.4%	18	35	28.6%	2
2002—2003	掘金队 102 ： 113 湖人队	31	53.6%	15	28	37.5%	3
2005—2006	国王队 118 ： 109 湖人队	44	48.6%	17	35	33.3%	4
2005—2006	太阳队 107 ： 96 湖人队	42	57.6%	19	33	45.5%	5
2005—2006	快船队 109 ： 112 湖人队	45	41.5%	17	41	46.7%	7
2005—2006	开拓者队 99 ： 110 湖人队	44	60.7%	17	28	50.0%	5
2006—2007	森林狼队 102 ： 109 湖人队	45	48.6%	17	35	44.4%	4
2006—2007	黄蜂队 105 ： 111 湖人队	47	55.2%	16	29	40.0%	2
2006—2007	快船队 118 ： 110 湖人队	48	51.5%	17	33	25.0%	1
2006—2007	超音速队 98 ： 109 湖人队	42	72.0%	18	25	50.0%	3

得分 50+ 场次

三分出手数	罚球命中率	罚球命中数	罚球次数	篮板	助攻	抢断	盖帽	失误	犯规	得分
13	90.0%	18	20	6	2	3	1	3	1	81
12	91.7%	11	12	7	3	3	0	2	3	65
10	88.0%	22	25	8	0	3	0	2	3	62
6	100.0%	20	20	0	3	0	1	2	1	61
7	94.4%	17	18	5	4	0	0	2	4	60
21	83.3%	10	12	4	4	1	1	2	1	60
11	83.3%	10	12	5	4	0	0	4	6	58
6	91.7%	11	12	5	4	1	0	0	1	56
13	88.9%	16	18	5	3	3	0	3	5	55
8	87.5%	14	16	10	8	2	1	5	1	53
9	85.7%	12	14	2	2	0	0	3	2	53
17	85.7%	6	7	10	1	3	0	1	4	53
9	100.0%	11	11	8	7	0	3	5	4	52
3	80.0%	12	15	4	3	0	1	1	5	52
3	74.1%	20	27	11	4	1	2	5	2	52
7	100.0%	13	13	7	8	2	1	8	4	51
8	90.0%	18	20	3	2	2	0	0	1	51
12	100.0%	13	13	9	4	1	0	4	2	51
11	80.0%	8	10	5	3	1	0	2	3	51
15	90.0%	9	10	8	8	1	0	3	2	50
10	78.6%	11	14	6	1	5	0	3	4	50
9	85.7%	12	14	6	3	3	0	3	1	50
5	100.0%	16	16	7	1	0	1	1	2	50
4	100.0%	15	15	9	1	2	0	3	3	50
6	84.6%	11	13	8	3	2	0	1	2	50

（表3）

27

- 科比生涯单场罚球出手次数最多为 27 次。
- 2005—2006 赛季，单个赛季得分 40+ 场次为 27 场。

28

科比单场投篮命中数最多为 28 球。

29

科比职业生涯 29 场比赛数据超过 40 分、5 个篮板、5 次助攻。

30

科比单场打铁次数最多为 30 次，47 投 17 中。

31

- 1996—1997 赛季 NBA 全明星新秀赛，科比砍下 31 分，但是阿伦·艾弗森获得 MVP。
- 31 岁 184 天，科比成为最年轻的 1000 场先生。
- 31 岁 291 天，科比成为季后赛最年轻的 5000 分先生。

32

1999—2000 赛季季后赛，科比一共贡献 32 个盖帽，这是科比单赛季季后赛盖帽总数最高纪录。

33

- 科比职业生涯 33 次获得周最佳。
- 科比高中身穿 33 号球衣，带领球队获得州冠军。
- 科比总决赛一共贡献 33 个盖帽。

34

- 科比是历史首位在 34 岁之后连续 10 场比赛得分 30+ 的球员：2012—2013 赛季。
- 34 号是科比的老大哥奥尼尔在湖人队时期的球衣号码，"OK" 组合联手拿到三连冠，开创湖人王朝。

35

科比全明星赛一共犯规 35 次，失误 35 次。

36

科比季后赛单场罚球命中 10 次及以上的场次为 36 场。

37

时年 37 岁的科比在他职业生涯最后一个赛季曾连续 3 场得到 25 分，成为乔丹（2003 年，40 岁）之后首位能在 37 岁或以上达此成就的球员。

38

- 科比全明星赛一共贡献 38 次抢断。
- 科比季后赛单场出手次数最高纪录为 38 次。
- 2016 年，38 岁的科比宣布退役。

39

科比篮球生涯一共 39 次单场出场时间达到或者超过 48 分钟。

▶▶

- 2009 年 6 月 4 日,在湖人队对阵魔术队的比赛中,科比砍下 40 分,是其生涯总决赛最高得分。
- 科比在对阵 NBA 联盟其他 29 支球队时完成的单场的得分 40+ 的壮举。

40

科比对阵 29 队最高得分	
球队	得分
猛龙队	81
开拓者队	65
独行侠队	62
尼克斯队	61
爵士队	60
灰熊队	60
黄蜂队	58
奇才队	55
火箭队	53
勇士队	51
太阳队	51
掘金队	51
国王队	51
鹈鹕队	50
森林狼队	50
雷霆队	50
快船队	50
76 人队	48
骑士队	47
篮网队	46
马刺队	45
步行者队	45
雄鹿队	43
凯尔特人队	43
公牛队	43
热火队	42
魔术队	41
老鹰队	41
活塞队	40

注:黄蜂队当时叫作夏洛特山猫队
鹈鹕队当时叫作新奥尔良黄蜂队

▶▶

41

- 2020 年 1 月 26 日，科比因直升机事故遇难，享年 41 岁。
- 科比生涯一共 41 场单场得分低于 5 分。

▶▶

42

科比季后赛单场失误 5 次及以上的场次为 42 场。

▶▶

44

科比职业生涯单场命中 5 个及以上三分球的场次为 44 场。

▶▶

46

- 科比职业生涯单场打铁次数超 20 次的场次为 46 场。
- 科比职业生涯单场命中 15 个及以上罚球的场次为 46 场。

▶▶

48

科比总决赛三分球命中数为 48 个，暂列 NBA 历史第 8 位。

▶▶

49

2009—2010 赛季季后赛，科比一共命中 49 个三分球，这是科比单赛季季后赛三分球命中总数最高纪录。

▶▶

50

- 2016 年 4 月 14 日，科比在退役战中出场 42 分钟，50 投 22 中，得到 60 分。50 次投篮出手是科比职业生涯单场出手最高纪录。
- 科比季后赛单场得分纪录为 50 分。

52

- 科比季后赛单场出场时间最高纪录为 52 分钟。
- 科比季后赛获得 25 分、5 个篮板、5 次助攻的场次为 52 场。

53

科比季后赛单场得分 20 分以下的场次为 53 场。

54

科比曾经在三场比赛中出场 54 分钟，这是他单场出场时间最高纪录。

60

2016 年 4 月 14 日，科比在 NBA 生涯最后一场比赛中出战 42 分钟，50 投 22 中，三分球 21 中 6 狂砍 60 分，第 4 节贡献 23 分，60 分是科比 NBA 生涯第五高分，打破 NBA 球员退役战得分纪录，同时，科比以 37 岁 234 天的年龄，成为 NBA 历史单场 60+ 年纪最大的球员。

60e

"60e" 最早是来源于科比的一个梗，因为一位科比狂热球迷宣称科比球迷全球有"60 亿"，当时全地球人口也才 60 亿，只是捧自己偶像的一句话，后来就成了"脑残球迷"的代名词。

61

2009 年 2 月 3 日，科比在湖人队对阵尼克斯队的比赛中拿下 61 分，这是客队球员在篮球圣地麦迪逊广场花园的最高得分。

62

- 2005 年 12 月 21 日，在湖人队对阵独行侠队的比赛中，科比将个人英雄主义演绎到了极致，前三节狂砍 62 分，而独行侠队全队在前三节才得了 61 分。62 分是 NBA 历史上三节得分最高纪录。
- 科比连续罚球命中纪录为 62 次。

65

科比总决赛一共抢断 65 次，暂列 NBA 历史第 4 位。

66

- 科比季后赛单场罚球出手 10 次或者超过 10 次的场次为 66 场。
- 科比季后赛超过 20 分、5 个篮板、5 次助攻的场次为 66 场。

67
- 科比单场三分球出手次数 10 次及以上的场次为 67 场。
- 科比季后赛单场投篮出手 25 次及以上的场次为 67 场。

68

科比全明星赛三分球出手 68 次，命中 22 球，命中率为 32.4%。

70

科比全明星赛共送出 70 次助攻。

74

1996—1997 赛季，科比生涯第一次季后赛之旅总得分 74 分。

75

科比全明星赛摘得 75 个篮板。

78

科比季后赛得分 30+ 的场次为 78 场，NBA 历史第一。

79

- 科比季后赛单场三分球投篮出手 5 次及以上的场次为 79 场。
- 2009—2010 赛季季后赛，科比失误 79 次，这是科比单赛季季后赛失误总数最高纪录。

▶▶

81

湖人队在 2006 年 1 月 23 日对阵猛龙队的比赛中，科比单场 81 分创造了 NBA 历史排名第二的纪录，在这场比赛中，科比全场出战 42 分钟，46 投 28 中，三分球 13 投 7 中，罚球 20 罚 18 中，得到 81 分。

▶▶

85

科比职业生涯超过 35 分、5 个篮板、5 次助攻的场次为 85 场。

▶▶

86

科比职业生涯单场助攻次数 10+ 为 86 次。

▶▶

88

科比季后赛得分 30+ 的场次为 88 场。

▶▶

89

1999—2000 赛季季后赛，科比犯规 89 次，这是科比单赛季季后赛犯规总数最高纪录。

▶▶

90

2018 年 3 月 13 日，科比凭借和动画师格兰·基恩合作的短片《亲爱的篮球》获第 90 届奥斯卡最佳短片奖。

▶▶

92

科比职业生涯常规赛得分不到 10 分的场次为 92 场。

▶▶

93

科比职业生涯单场命中 15 球及以上的场次为 93 场。

▶▶

97

• 科比职业生涯单场 0 犯规的场次为 97 场。

▶▶

108

科比季后赛单场投篮命中 10 球及以上的场次为 108 场。

▶▶

109

科比单场出手次数 30 次及以上的场次为 109 场。

▶▶

113

科比职业生涯单场篮板 10+ 的场次为 113 场。

▶▶

118

- 科比季后赛单场助攻 5 次及以上的场次为 118 场。
- 科比总决赛一共犯规 118 次。

▶▶

119

科比全明星赛共命中 119 球。

▶▶

122

科比单场 40+ 的场次共 122 场，在联盟历史上排名第三，仅次于威尔特·张伯伦和迈克尔·乔丹。

▶▶

123

- 科比季后赛单场得分 25 分及以上的场次为 123 场。
- 科比总决赛一共失误 123 次，暂列 NBA 历史第 3 位。

▶▶

124

科比季后赛单场篮板 5 次或者超过 5 次的场次为 124 场。

▶▶

126

2009—2010 赛季季后赛，科比一共贡献 126 次助攻，这是科比单赛季季后赛助攻总数最高纪录。

▶▶

131

2009—2010 赛季季后赛，科比三分球出手共 131 次，命中率为 37.4%，这是科比单赛季季后赛三分球出手总数最高纪录。

▶▶

132

科比季后赛单场投篮出手 20 次及以上的场次为 132 场。

▶▶

133

1996—1997 赛季，科比生涯首次季后赛之旅共出战 9 场，场均出战时间 14.8 分钟，总出场时间 133 分钟，湖人队止步西部次轮。

▶▶

138

2009—2010 赛季季后赛，科比一共抢得 138 个篮板，这是科比单赛季季后赛篮板总数最高纪录。

▶▶

143

加入 NBA 联盟之前，科比在参加阿迪达斯篮球训练营穿的球衣是 143 号，因此在加入 NBA 联盟后，他便将 1、4、3 三个数字加起来，"8" 就成了他的第一个球衣号码。

▶▶

153

- 科比职业生涯超过 30 分、5 个篮板、5 次助攻的场次为 153 场。
- 科比总决赛三分球出手次数为 153 次。

▶▶

167

科比季后赛得分 20+ 的场次为 167 场。

▶▶

174

2008—2009 赛季季后赛，科比罚球命中 174 次，这是科比单赛季季后赛罚球命中总数最高纪录。

▶▶

177

2013—2014 赛季，科比遭遇伤病，仅仅出场 6 场，单赛季总出场时间为 177 分钟，这是科比职业生涯单赛季总出场时间最少纪录。

▶▶

180

2005—2006 赛季，科比单赛季三分球命中 180 球，这是科比职业生涯单赛季三分球命中数最高纪录。

▶▶

181 2002—2003 赛季，科比单赛季共贡献抢断 181 个，这是科比职业生涯单赛季抢断总数最高纪录。

▶▶

187 科比总决赛一共贡献 187 次助攻，暂列 NBA 历史第 10 位。

▶▶

197 2008—2009 赛季季后赛，科比罚球出手一共 197 次，这是科比单赛季季后赛罚球出手最高纪录。

▶▶

211 科比总决赛篮板总数为 211 个。

▶▶

220 科比季后赛为湖人队出战 220 场。

▶▶

223 科比总决赛罚球命中 223 次。

▶▶

233 2005—2006 赛季，科比单赛季一共犯规 233 次，这是科比职业生涯单赛季犯规总数最高纪录。

▶▶

238 科比全明星赛出手 238 次，命中率 50%。

242 2008—2009 赛季季后赛，科比一共命中 242 球，这是科比单赛季季后赛命中总数最高纪录。

248 科比职业生涯 25 分、5 个篮板、5 次助攻的场次为 248 场。

252 科比职业生涯单场失误数 5 次及以上的场次为 252 场。

263 科比总决赛罚球总数为 263 次。

264 科比职业生涯单场罚球命中 10 个及以上的场次为 264 场。

285 科比总决赛两分球命中数为 285 个。

288 2002—2003 赛季，科比单赛季一共失误 288 次，这是科比职业生涯单赛季失误总数最高纪录。

290 科比全明星一共得 290 分。

292 科比季后赛一共命中 292 个三分球。

333 科比总决赛一共命中 333 个球，暂列 NBA 历史第 12 位。

336 科比职业生涯超过 20 分、5 个篮板、5 次助攻的场次为 336 场。

360 2011—2012 赛季，科比职业生涯最后一次季后赛之旅总得分 360 分。

395

从 1996 年到 2015 年，科比 16 次出现在圣诞大战上，他职业生涯在圣诞大战中拿到 395 分，是圣诞大战总得分最高的球员。

▶▶

412

科比单场罚球出手 10 次及以上的场次为 412 场。

▶▶

415

科比全明星一共出场 415 分钟。

▶▶

431

科比职业生涯常规赛得分 30+ 的场次为 431 场。

▶▶

475

科比总决赛打铁 475 次。

▶▶

476

2011—2012 赛季，科比生涯最后一次季后赛出场 12 场，场均出战 39.7 分钟，总出场时间 476 分钟，湖人队止步于西部次轮。

▶▶

481

2002—2003 赛季，科比单赛季共贡献助攻 481 次，这是科比职业生涯单赛季总助攻数最高纪录。

▶▶

510

科比职业生涯输球场次为 510 场。

▶▶

518

2005—2006 赛季，科比单赛季三分球出手 518 次，这是科比职业生涯单赛季三分球出手次数最高纪录。

▶▶

530

2008—2009 赛季季后赛，科比一共出手 530 次，命中率为 45.7%，这是科比单赛季季后赛出手总数最高纪录。

▶▶

539

1996—1997 赛季，科比职业生涯首个赛季总得分 539 分。

▶▶

564

2002—2003 赛季，科比单赛季共收获篮板 564 个，这是科比职业生涯单赛季总篮板最高纪录。

▶▶

640

科比职业生涯贡献 640 个盖帽。

▶▶

655

科比总决赛两分球出手 655 个。

▶▶

695

2008—2009 赛季季后赛，科比出战 23 场，一共得到 695 分，这是科比单赛季季后赛总得分最高纪录。

▶▶

696

2005—2006 赛季，科比单赛季一共罚球命中 696 球，这是科比职业生涯单赛季罚球命中数最高纪录。

▶▶

808

科比总决赛出手次数一共为 808 次，暂列 NBA 历史第 10 位。

▶▶

819

2005—2006 赛季，科比单赛季一共罚球出手 819 次，这是科比职业生涯单赛季罚球出手最高纪录。

▶▶

836

科比职业生涯为湖人队取得 836 场胜利。

▶▶

882

科比季后赛三分球出手 882 次，命中率为 33.1%。

▶▶

937

科比总决赛一共得到 937 分，暂列 NBA 历史第 11 位。

▶▶

973

2003—2004 赛季季后赛，科比出战 23 场，一共出场 973 分钟，这是科比单赛季季后赛总出场时间最高纪录。

▶▶

978

2005—2006 赛季，科比单赛季一共投篮命中 978 球，这是科比职业生涯单赛季投篮命中数最高纪录。

▶▶

1040

科比季后赛一共贡献 1040 次助攻。

▶▶

1103

1996—1997 赛季，科比职业生涯处子赛季出场 71 场，首发 6 场，出场时间共 1103 分钟，场均 15.5 分钟。

▶▶

1119

科比季后赛共摘下 1119 个篮板，其中前场篮板 230 个、后场篮板 889 个。

▶▶

1161

2015—2016 赛季，科比职业生涯最后一个赛季总得分 1161 分。

1198

科比生涯首发出场 1198 场，其中 16 个赛季全部首发出场。

1320

科比季后赛共命中 1320 个罚球。

1346

科比职业生涯为湖人队出战 1346 场比赛。

1580

科比总决赛出场时间为 1580 分钟，暂列 NBA 历史第 12 位。

1617

科比季后赛罚球出手 1617 次，命中率为 81.6%。

1827

科比常规赛共命中 1827 个三分球。

1863

2015—2016 赛季，科比生涯最后一个赛季，出战 66 场，全部首发，出场时间一共 1863 分钟，场均 28.2 分钟。

▶▶

1944

科比职业生涯贡献 1944 次抢断。

▶▶

2014

科比季后赛一共命中 2014 个球。

▶▶

2173

2005—2006 赛季，科比单赛季一共投篮 2173 次，这是科比职业生涯单赛季投篮出手最高纪录。

▶▶

2832

2005—2006 赛季，科比单赛季一共得到 2832 分，这是科比职业生涯单赛季得分最高纪录。

▶▶

3045

科比 2013—2014 赛季薪资为 3045 万美元，这是科比职业生涯最高年薪纪录。

▶▶

3353

科比职业生涯犯规 3353 次。

3401

2002—2003 赛季，科比首发出战 82 场，单赛季出场时间为 3401 分钟，这是科比职业生涯单赛季总出场时间最高纪录。

4010

科比职业生涯一共 4010 次失误。

4499

科比季后赛出手 4499 次，命中率为 44.8%。

5546

科比职业生涯三分球出手 5546 次，命中率为 32.9%。

5640

科比季后赛总得分 5640 分，排在历史第 4 位。

NBA 季后赛总得分前五位	
勒布朗·詹姆斯	7631
迈克尔·乔丹	5987
卡里姆·阿卜杜尔—贾巴尔	5762
科比·布莱恩特	5640
沙奎尔·奥尼尔	5250

6306 科比职业生涯一共送出 6306 次助攻。

7047 科比职业生涯一共摘下 7047 个篮板，其中前场篮板 1499 个、后场篮板 5548 个。

8378 科比职业生涯一共命中 8378 个罚球。

8641 科比季后赛一共出场 8641 分钟。

10011 科比职业生涯罚球出手 10011 次，命中率为 83.7%。

11719 科比职业生涯命中 11719 球。

14481 14481 是科比职业生涯投篮不中数，高居 NBA 历史第一，比第二名的约翰·哈夫利切克高出 1064 次。出手数往往是一个球员统治力的标志，职业生涯投失球数量的前 30 位球员都是现在或未来的名人堂成员。

16161

科比 20 年生涯共在湖人队主场斯台普斯中心得到 16161 分，这是 NBA 历史上同一个球员在同一个场地得分最高纪录。

26200

科比职业生涯常规赛一共出手 26200 次，命中率为 44.7%。

32824

科比职业生涯总薪金高达 32824 万美元。

33643

科比职业生涯总得分 33643 分，排在历史第 4 位。

NBA 历史总得分前十	
卡里姆·阿卜杜尔—贾巴尔	38387
卡尔·马龙	36928
勒布朗·詹姆斯	35367
科比·布莱恩特	33643
迈克尔·乔丹	32292
德克·诺维茨基	31560
威尔特·张伯伦	31419
欧利叶斯·欧文	30026
摩西·马龙	29580
沙奎尔·奥尼尔	29580

48637

科比职业生涯总出场时间为 48637 分钟，是湖人队队史出场时间第一人。

赛季	年龄	球队	出场次数	首发	出场时间	命中数	出手数	命中率	三分命中数	三分出手数
1996—1997	18	湖人队	71	6	15.5	2.5	5.9	41.7%	0.7	1.9
1997—1998	19	湖人队	79	1	26.0	4.9	11.6	42.8%	0.9	2.8
1998—1999	20	湖人队	50	50	37.9	7.2	15.6	46.5%	0.5	2.0
1999—2000	21	湖人队	66	62	38.2	8.4	17.9	46.8%	0.7	2.2
2000—2001	22	湖人队	68	68	40.9	10.3	22.2	46.4%	0.9	2.9
2001—2002	23	湖人队	80	80	38.3	9.4	20.0	46.9%	0.4	1.7
2002—2003	24	湖人队	82	82	41.5	10.6	23.5	45.1%	1.5	4.0
2003—2004	25	湖人队	65	64	37.6	7.9	18.1	43.8%	1.1	3.3
2004—2005	26	湖人队	66	66	40.7	8.7	20.1	43.3%	2.0	5.9
2005—2006	27	湖人队	80	80	41.0	12.2	27.2	45.0%	2.3	6.5
2006—2007	28	湖人队	77	77	40.8	10.6	22.8	46.3%	1.8	5.2
2007—2008	29	湖人队	82	82	38.9	9.5	20.6	45.9%	1.8	5.1
2008—2009	30	湖人队	82	82	36.1	9.8	20.9	46.7%	1.4	4.1
2009—2010	31	湖人队	73	73	38.8	9.8	21.5	45.6%	1.4	4.1
2010—2011	32	湖人队	82	82	33.9	9.0	20.0	45.1%	1.4	4.3
2011—2012	33	湖人队	58	58	38.5	9.9	23.0	43.0%	1.5	4.9
2012—2013	34	湖人队	78	78	38.6	9.5	20.4	46.3%	1.7	5.2
2013—2014	35	湖人队	6	6	29.5	5.2	12.2	42.5%	0.5	2.7
2014—2015	36	湖人队	35	35	34.5	7.6	20.4	37.3%	1.5	5.3
2015—2016	37	湖人队	66	66	28.2	6.0	16.9	35.8%	2.0	7.1
生涯数据			1346	1198	36.1	8.7	19.5	44.7%	1.4	4.1

三分命中率	两分命中数	两分出手数	两分命中率	罚球命中率	篮板	助攻	抢断	盖帽	失误	得分
37.5%	1.8	4.0	43.7%	81.9%	1.9	1.3	0.7	0.3	1.6	7.6
34.1%	4.0	8.8	45.6%	79.4%	3.1	2.5	0.9	0.5	2.0	15.4
26.7%	6.7	13.6	49.4%	83.9%	5.3	3.8	1.4	1.0	3.1	19.9
31.9%	7.7	15.7	48.9%	82.1%	6.3	4.9	1.6	0.9	2.8	22.5
30.5%	9.4	19.3	48.9%	85.3%	5.9	5.0	1.7	0.6	3.2	28.5
25.0%	9.0	18.3	48.9%	82.9%	5.5	5.5	1.5	0.4	2.8	25.2
38.3%	9.1	19.5	46.5%	84.3%	6.9	5.9	2.2	0.8	3.5	30.0
32.7%	6.8	14.8	46.3%	85.2%	5.5	5.1	1.7	0.4	2.6	24.0
33.9%	6.7	14.2	47.2%	81.6%	5.9	6.0	1.3	0.8	4.1	27.6
34.7%	10.0	20.7	48.2%	85.0%	5.3	4.5	1.8	0.4	3.1	35.4
34.4%	8.8	17.6	49.7%	86.8%	5.7	5.4	1.4	0.5	3.3	31.6
36.1%	7.6	15.5	49.0%	84.0%	6.3	5.4	1.8	0.5	3.1	28.3
35.1%	8.3	16.8	49.6%	85.6%	5.2	4.9	1.5	0.5	2.6	26.8
32.9%	8.5	17.4	48.7%	81.1%	5.4	5.0	1.5	0.3	3.2	27.0
32.3%	7.6	15.6	48.7%	82.8%	5.1	4.7	1.2	0.1	3.0	25.3
30.3%	8.4	18.1	46.4%	84.5%	5.4	4.6	1.2	0.3	3.5	27.9
32.4%	7.8	15.2	51.0%	83.9%	5.6	6.0	1.4	0.3	3.7	27.3
18.8%	4.7	9.5	49.1%	85.7%	4.3	6.3	1.2	0.2	5.7	13.8
29.3%	6.1	15.1	40.1%	81.3%	5.7	5.6	1.3	0.2	3.7	22.3
28.5%	4.0	9.8	41.0%	82.6%	3.7	2.8	0.9	0.2	2.0	17.6
32.9%	7.3	15.3	47.9%	83.7%	5.2	4.7	1.4	0.5	3.0	25.0

赛季	年龄	球队	出场次数	首发	出场时间	命中数	出手数	命中率	三分命中数	三分出手数
1996—1997	18	湖人队	9	0	14.8	2.3	6.1	38.2%	0.7	2.6
1997—1998	19	湖人队	11	0	20.0	2.8	6.9	40.8%	0.3	1.3
1998—1999	20	湖人队	8	8	39.4	7.6	17.8	43.0%	1.0	2.9
1999—2000	21	湖人队	22	22	39.0	7.9	17.9	44.2%	1.0	2.9
2000—2001	22	湖人队	16	16	43.4	10.5	22.4	46.9%	0.7	2.1
2001—2002	23	湖人队	19	19	43.8	9.8	22.7	43.4%	1.2	3.1
2002—2003	24	湖人队	12	12	44.3	11.4	26.4	43.2%	2.1	5.2
2003—2004	25	湖人队	22	22	44.2	8.6	20.9	41.3%	1.1	4.4
2005—2006	27	湖人队	7	7	44.9	10.3	20.7	49.7%	2.0	5.0
2006—2007	28	湖人队	5	5	43.0	12.0	26.0	46.2%	2.0	5.6
2007—2008	29	湖人队	21	21	41.1	10.6	22.0	47.9%	1.5	5.0
2008—2009	30	湖人队	23	23	40.9	10.5	23.0	45.7%	1.6	4.6
2009—2010	31	湖人队	23	23	40.1	10.2	22.2	45.8%	2.1	5.7
2010—2011	32	湖人队	10	10	35.4	8.3	18.6	44.6%	1.2	4.1
2011—2012	33	湖人队	12	12	39.7	11.0	25.1	43.9%	1.4	5.0
生涯数据			220	200	39.3	9.2	20.5	44.8%	1.3	4.0

三分命中率	两分命中数	两分出手数	两分命中数	罚球命中率	篮板	助攻	抢断	盖帽	失误	得分
26.1%	1.7	3.6	46.9%	86.7%	1.2	1.2	0.3	0.2	1.6	8.2
21.4%	2.5	5.6	45.2%	68.9%	1.9	1.5	0.3	0.7	1.0	8.7
34.8%	6.6	14.9	44.5%	80.0%	6.9	4.6	1.9	1.3	3.9	19.8
34.4%	6.9	15.0	46.1%	75.4%	4.5	4.4	1.5	1.5	2.5	21.1
32.4%	9.8	20.3	48.5%	82.1%	7.3	6.1	1.6	0.8	3.2	29.4
37.9%	8.7	19.6	44.2%	75.9%	5.8	4.6	1.4	0.9	2.8	26.6
40.3%	9.3	21.3	43.9%	82.7%	5.1	5.2	1.2	0.1	3.5	32.1
24.7%	7.5	16.5	45.7%	81.3%	4.7	5.5	1.9	0.3	2.8	24.5
40.0%	8.3	15.7	52.7%	77.1%	6.3	5.1	1.1	0.4	4.7	27.9
35.7%	10.0	20.4	49.0%	91.9%	5.2	4.4	1.0	0.4	4.4	32.8
30.2%	9.0	17.0	53.2%	80.9%	5.7	5.6	1.7	0.4	3.3	30.1
34.9%	8.9	18.4	48.3%	88.3%	5.3	5.5	1.7	0.9	2.6	30.2
37.4%	8.0	16.5	48.7%	84.2%	6.0	5.5	1.3	0.7	3.4	29.2
29.3%	7.1	14.5	49.0%	82.0%	3.4	3.3	1.6	0.3	3.1	22.8
28.3%	9.6	20.1	47.7%	83.2%	4.8	4.3	1.3	0.2	2.8	30.0
33.1%	**7.8**	**16.4**	**47.6%**	**81.6%**	**5.1**	**4.7**	**1.4**	**0.7**	**2.9**	**25.6**

赛季	年龄	球队	出场时间	命中数	出手次数	命中率
1997—1998	19	湖人队	22：00	7	16	43.8%
1999—2000	21	湖人队	28：00	7	16	43.8%
2000—2001	22	湖人队	30：00	9	17	52.9%
2001—2002	23	湖人队	30：00	12	25	48.0%
2002—2003	24	湖人队	36：00	8	17	47.1%
2003—2004	25	湖人队	35：21	9	12	75.0%
2004—2005	26	湖人队	29：21	7	14	50.0%
2005—2006	27	湖人队	26：15	4	11	36.4%
2006—2007	28	湖人队	28：09	13	24	54.2%
2007—2008	29	湖人队	2：52	0	0	
2008—2009	30	湖人队	29：14	12	23	52.2%
2009—2010	31	湖人队	因伤缺阵			
2010—2011	32	湖人队	29：21	14	26	53.8%
2011—2012	33	湖人队	34：48	9	17	52.9%
2012—2013	34	湖人队	27：36	4	9	44.4%
2013—2014	35	湖人队	因伤缺阵			
2014—2015	36	湖人队	因伤缺阵			
2015—2016	37	湖人队	25：49	4	11	36.4%
生涯数据			415	119	238	50.0%

三分命中数	三分出手数	三分命中率	篮板	助攻	抢断	盖帽	得分
2	3	66.7%	6	1	2	0	18
1	4	25.0%	1	3	2	0	15
1	2	50.0%	4	7	1	0	19
0	4	0.0%	5	5	1	0	31
3	5	60.0%	7	6	3	2	22
2	3	66.7%	4	4	5	1	20
2	5	40.0%	6	7	3	1	16
0	5	0.0%	7	8	3	0	8
3	9	33.3%	5	6	6	0	31
0	0		1	0	0	0	0
3	8	37.5%	4	4	4	0	27
2	7	28.6%	14	3	3	0	37
2	5	40.0%	1	1	2	0	27
0	3	0.0%	4	8	2	2	9
1	5	20.0%	6	7	1	0	10
22	68	32.4%	75	70	38	6	290

科比国家队场均数据

赛事	得分	篮板	助攻
2012 年伦敦奥运会	12.1	1.8	1.2
2008 年北京奥运会	15.0	2.8	2.1
2007 年美洲锦标赛	15.3	2.0	2.9
总计	14.1	2.2	2.1

2012 年伦敦奥运会科比数据

场次	出场时间	篮板	助攻	失误	抢断	得分
美国队 98：71 法国队	12	1	0	1	0	10
美国队 110：63 土耳其队	9	1	0	1	0	4
美国队 156：73 尼日利亚队	11	3	2	0	2	16
美国队 99：94 立陶宛队	20	2	1	1	2	6
美国队 126：97 阿根廷队	21	0	1	2	0	11
美国队 119：86 澳大利亚队	20	1	3	3	2	20
美国队 109：83 阿根廷队	19	4	1	1	2	13
美国队 107：100 西班牙队	27	2	2	2	1	17

2008 年北京奥运会科比数据

场次	出场时间	篮板	助攻	失误	抢断	得分
美国队 101：70 中国队	27	2	3	3	2	13
美国队 97：76 安哥拉队	18	4	1	1	2	8
美国队 92：69 希腊队	24	4	2	1	0	18
美国队 119：82 西班牙队	16	0	1	4	1	11
美国队 106：57 德国队	19	2	2	2	1	13
美国队 116：85 澳大利亚队	25	5	1	1	1	25
美国队 101：81 阿根廷队	32	2	1	0	2	12
美国队 118：107 西班牙队	27	3	6	3	0	20

2007 年美洲锦标赛科比数据

场次	出场时间	篮板	助攻	失误	抢断	得分
美国队 112：69 委内瑞拉	16	5	5	3	3	14
美国队 123：59 美属维尔京群岛队	16	0	4	0	1	9
美国队 113：63 加拿大	20	2	0	2	1	15
美国队 113：76 巴西队	20	2	2	2	1	20
美国队 127：100 墨西哥队	24	4	3	3	1	21
美国队 117：78 波多黎各队	24	1	2	1	2	14
美国队 118：79 乌拉圭队	14	4	3	1	2	13
美国队 91：76 阿根廷队	23	2	1	4	4	27
美国队 135：91 波多黎各队	20	0	1	1	1	15
美国队 118：81 阿根廷队	22	0	8	1	0	5

PART 5

科比之殇

没有人

可以随随便便成功，"黑曼巴"也不例外。在取得如此伟大成就的同时，科比也付出了常人难以想象的代价。

伤病

对于运动员来说几乎是不可避免的，特别是需要激烈对抗的篮球运动员。即使你身体素质再强，也难免会受伤。可能在一些年轻球迷的印象中，科比除了跟腱断裂好像没受过什么伤。因为这家伙的巅峰实在是太长了，好像跟腱断裂以前，科比一直都在巅峰。但事实上，科比从1996年进入联盟以来，大大小小的伤病从来就没有断过。

1996—1997 赛季

科比当时仅是一个 18 岁的菜鸟，因为左边的髋屈肌拉伤和流感缺席两场比赛。

1997—1998 赛季

已经成长为球队第六人的科比因脚踝扭伤缺席了 3 场比赛。

1998—1999 赛季

在缩水赛季，科比 50 场全部首发，这时他的右腿骨出现了轻微的骨裂现象。

1999—2000 赛季

21 岁的"小飞侠"经历了职业生涯的第一次大伤，因为右手掌骨骨折缺阵了 15 场比赛。当时科比是在季前赛受伤的，诊断结果要求至少停赛两个月，恢复不好可能会导致赛季报销，但是科比仅仅歇了 15 场比赛就带着护具回归赛场，也就是在那样的情况下，科比苦练出了自己的左手投篮。

2000—2001 赛季

科比分别因为脚踝扭伤缺阵 3 场，脚部酸痛缺阵 9 场，病毒感染缺阵 2 场比赛，也是从那个时候开始，科比有了带伤打球的习惯。

2001—2002 赛季

科比这个赛季依旧是带伤作战：在 2001 年 12 月客场对阵灰熊队的一场比赛中，科比被撞到腰部，留下了髋关节损伤后遗症。

2002—2003 赛季

在 2002 年 12 月客场挑战勇士队的比赛中，科比右肩被撞脱臼，从此埋下了巨大的伤病隐患。2003 年夏天，科比实施了膝盖手术。到此时，身体素质巅峰的 8 号科比，已经离我们而去。

2003—2004 赛季

科比分别因为膝盖酸痛缺阵 1 场比赛，食指撕裂缺席 1 场比赛，肩部扭伤缺席 8 场比赛。

2004—2005 赛季

科比分别因为胫骨撞伤缺阵 1 场，脚踝严重扭伤缺阵 14 场比赛，仅仅一个月，科比便复出。但是从此脚踝伤势成为科比职业生涯挥之不去的阴影。

2006—2007 赛季

科比因为膝盖手术缺阵 2 场，因为脚踝扭伤缺阵 1 场，接下来的两个赛季科比都保持全勤，但出场时间受到严格控制，其中 2008—2009 赛季场均出战只有 36.1 分钟，是他升任球队主力以来单赛季场均出战时间最少的一个赛季。

2007—2008 赛季

在 2008 年 2 月 15 日对阵篮网队的时候，科比右手被打伤，并确诊为小指内侧副韧带完全撕裂、撕裂性骨折以及掌板受伤。如果接受手术，赛季必定完全报销。但如果保守治疗，手指病情可能会恶化并会引发指骨肌腱炎。结果科比拒绝了手术，把自己的小指和无名指绑在一起打完了所有的常规赛，并在最后杀进季后赛。然后在第一轮狂胜掘金队（第二场 49 分 10 次助攻），第二轮掀翻爵士队（场均 30+6+6），在西部决赛中几乎是凭一己之力战胜了马刺队（53.3% 的命中率），而这一切都是科比拖着一只伤痕累累的手完成的。只可惜最后总决赛兵败北岸花园球馆。但科比还是带伤参加了2008 年北京奥运会并最终带领美国男篮"梦八队"重回世界巅峰。

2008—2009 赛季

2009 年 1 月 20 日，湖人队对阵骑士队，科比在防守詹姆斯时右手无名指严重挫伤并呈 45 度扭曲。但是科比却让场边的医师维蒂硬掰了回来，并且在简单包扎后上场，第 3 节独得 13 分锁定胜局。科比又是拖着伤手打完常规赛，并最终以超神的表现拿下了个人第 4 个总冠军。

2009—2010 赛季

2009 年 12 月 12 日，湖人队对阵森林狼队，科比右手食指被对手狠狠打中。科比依然没有休战，缠着厚厚的绷带回到球场。赛后鉴定为食指撕脱性骨折。这个赛季科比还因为脚踝扭伤而缺席了 5 场比赛，科比第二次拖着伤手出战，并最后在总决赛上成功复仇凯尔特人队，夺得生涯第五冠。两连冠期间，他的右手无名指、食指以及小拇指都经历了伤病。

2010—2011 赛季

在 2011 年 3 月对阵独行侠队的比赛中，科比在一次投篮落地后不慎扭伤脚踝，短时间的休息后，科比出战季后赛。次轮面对独行侠队时，科比脚伤复发，最终湖人队"新F4 组合"惨遭横扫出局。

2011—2012 赛季

在对阵快船队的季前赛中，科比右手手腕月三角背侧韧带撕裂，但是科比拒绝手术，依旧带伤出战。在赛季中，科比因为胫骨腱鞘炎缺阵了 7 场比赛。全明星赛中科比的鼻子被韦德误伤骨折。

2012—2013 赛季

这个赛季，科比打了 78 场球，在 2013 年 3 月 15 日对阵老鹰队时，科比在最后投出绝杀球落地时被邓台·琼斯垫脚，脚踝严重扭伤，这也给随后对阵勇士队的比赛中科比在突破巴恩斯时跟腱撕裂留下了隐患，科比因此首次赛季报销。

2013—2014 赛季

科比缺阵 19 场比赛之后伤愈复出，但只打了 6 场比赛他就因为膝盖骨折赛季报销，其严重程度甚至超越了跟腱断裂。

2014—2015 赛季

在 2015 年 1 月 22 日的比赛中，膝盖手术复出之后的科比突破扣篮后拉伤了右肩，最终导致肩袖肌腱撕裂，随后官方宣布科比赛季报销。

2015—2016 赛季

归来的科比已经 37 岁，加之连续几个赛季饱受伤病的困扰，科比的状态早已不如当年。好胜的科比无法接受年轻人比自己强的事实，最终宣布这将是自己职业生涯的最后一个赛季。

科比伤病汇总 →

1999—2000 赛季
掌骨骨折
缺席场次：15

2003—2004 赛季
食指撕裂
缺席场次：1

2009—2010 赛季
食指撕脱性骨折
缺席场次：15

2014—2015 赛季
肩袖肌腱撕裂
缺席场次：47

2003—2004 赛季
肩部扭伤
缺席场次：8

2012—2013 赛季
跟腱撕裂
缺席场次：2

2013—2014 赛季
跟腱手术
缺席场次：19

2015—2016 赛季
阿基里斯腱疼痛
缺席场次：3

1996—1997 赛季
髋屈肌拉伤
缺席场次：1

2003—2004 赛季
膝盖疼痛
缺席场次：1

2006—2007 赛季
膝盖手术
缺席场次：2

2009—2010 赛季
膝盖肿胀
缺席场次：2

2013—2014 赛季
膝部胫骨骨折
缺席场次：57

2000—2001 赛季
脚踝扭伤
缺席场次：3

2000—2001 赛季
脚部酸痛
缺席场次：9

2004—2005 赛季
脚踝严重扭伤
缺席场次：14

2006—2007 赛季
脚踝扭伤
缺席场次：1

2009—2010 赛季
脚踝扭伤
缺席场次：5

2004—2005 赛季
胫骨撞伤
缺席场次：1

2011—2012 赛季
胫骨腱鞘炎
缺席场次：7

注：本图仅为示意图，并非所指科比伤病的具体部位。

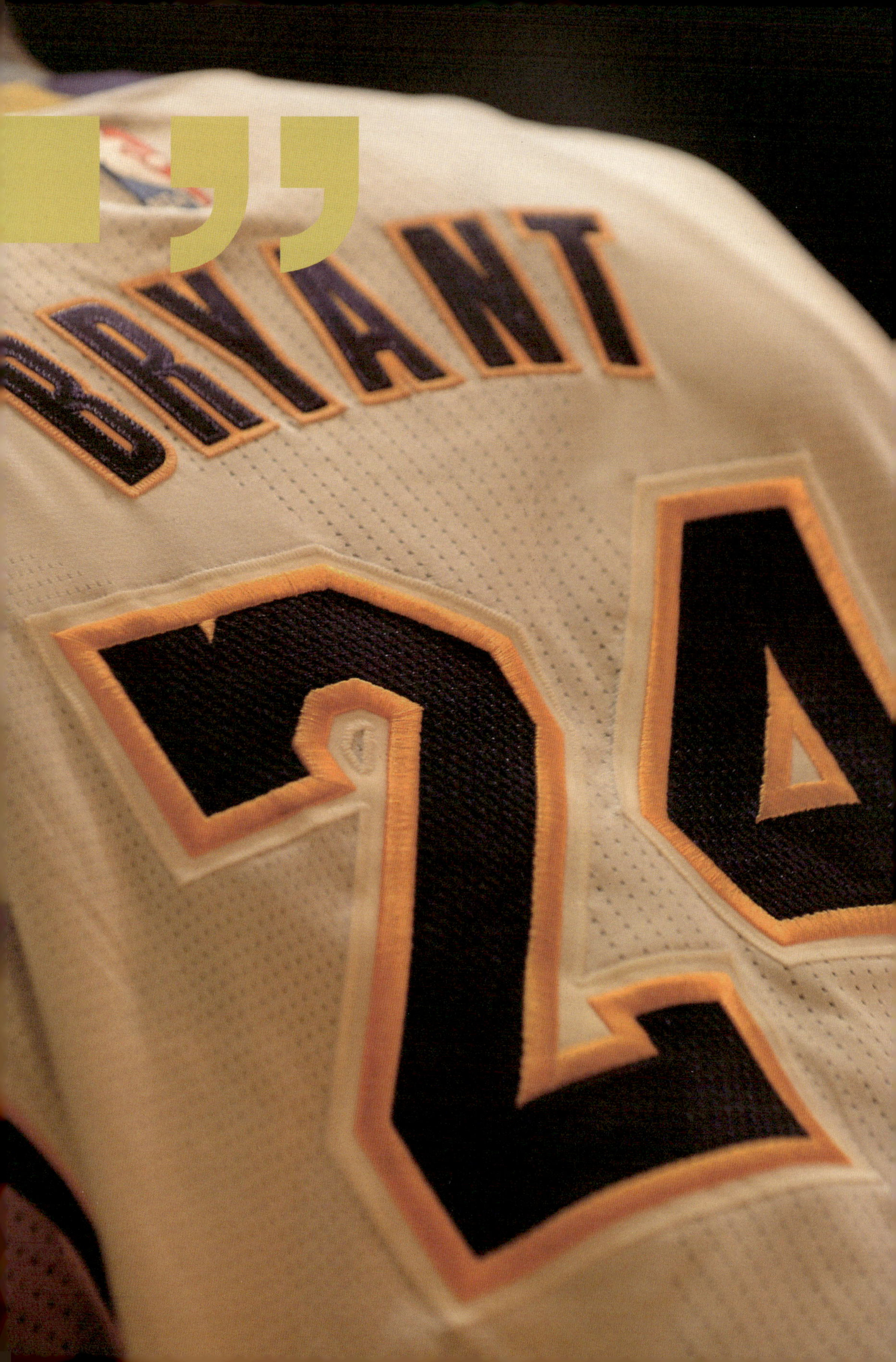
BRYANT
24

PART 6

悼念科比

在我开始我的致辞之前，我想先纪念一下周日早上所有遇难的名字：Alyssa Altobelli, John Altobelli, Keri Altobelli, Payton Chester, Sarah Chester, Christina Mauser, Ara Zobayan, Gianna Bryant, Kobe Bryant。

我有事先写好的稿子，他们希望我照着念，以防出什么意外，但我如果照着念就是糊弄你们，所以我决定真诚地说几句。

第一件出现在我脑海里的事是关于家人的，我看着这座球馆，我们都在哀悼，我们都受伤了，我们都心碎了。但当我们在经历这种事情的时候，你能做的最好的事情就是倚靠你的家人，从事发那天早上到现在，湖人队的球迷们都是彼此的家人，我看到的都是这样，不只是球员、教练们，也不只在球队里，而是每个人，在这里的每个人，组成了一个大家庭。我知道吉安娜、科比、瓦妮莎都会很感谢大家。

我知道某个时刻我们会对科比致哀，但我将这视作一个纪念的夜晚，纪念他 20 年的血、汗、泪，纪念他疲累的身体被击倒却一次次地站起，纪念他竭尽全力追逐伟大的决心，今晚我们纪念那个 18 岁来到这里的孩子，那个 38 岁退役，然后成了过去三年可能是最好的爸爸的家伙。

今晚是一次纪念，科比就像是我的兄弟，从我高中时远远地看他打球，到我 18 岁进入联盟，近一些看他。我的生涯里我们有过的所有对决，我们一直共有的东西就是追逐胜利和伟大的决心。我此时在这里，对我意味着很多，我想和我的队友一起尽可能长久地在比赛里继续科比的成就和意志，这也是科比希望的。现在，用科比的话说是 Mamba Out，但用我们的话说是，永不遗忘。你永远在我心里，兄弟。

勒布朗·詹姆斯

（2020 年 1 月 31 日 湖人队主场赛前悼念科比仪式，詹姆斯致辞我想说早上好，但现在是下午了。很感谢瓦妮莎和布莱恩特一家今天给我发言的机会。

我很感激能在这里纪念吉安娜，并带给大家科比为我们所有人留下的礼物——作为篮球运动员、商人、故事讲述者以及一名父亲所取得的成就。在篮球比赛中、在生活中、作为父母，科比没有任何保留，他把一切都留在了场上。

也许人们感到很惊讶，我和科比是非常亲密的朋友。但是我们确实是非常亲密的朋友。科比是我亲爱的朋友，他就像我的一个小兄弟一样。每个人都想把我们做比较。我只是想谈谈科比。

你知道，我们所有人都有兄弟姐妹，小弟弟、小妹妹无论出于何种原因，他们总是想要你的东西，你的衣橱啊，鞋啊，所有东西。这真是令人讨厌——如果我能说这个词的话。但经过一段时间，这种烦扰变成了爱，这是因为，（你意识到）他们对你作为大哥哥或大姐姐的钦佩，（而他们）想知道他们即将开始的生活的每一个小细节问题。

他（科比）曾经在晚上 23：30，凌晨 2：30、3：00 打电话给我、发短信给我，探讨有关低位背打、步法，有时候甚至是三角进攻（的问题）。起初，这让我很恼火，但后来这演变成了一种特定的热情。这孩子有着你永远不知道的热情。这是关于热情最奇妙的事。如果你热爱什么，如果你对某样东西有着强烈的热情，你会登峰造极地去尝试理解或是得到它，无论是冰激凌、可乐还是汉堡包，无论你热爱什么。如果你能走路，你会去（自己）拿；即便你要乞求某人，你也会要得到。

科比让我感到很激励的事情是，他真的在乎怎么去打比赛，或者说想要怎么样去打比赛。他想成为他所能成为的最好的篮球运动员。认识他后，我想成为一个我所能成为的最好的大哥哥。

而要做到这一点，你必须忍受恼人的电话、深夜电话，或是愚蠢的问题。当我了解科比的时候，我感到非常自豪，因为他只是想成为一个更好的人，一名更出色的篮球运动员。我们探讨生意问题，谈论家庭，我们无话不谈。他只是想成为一个更好的人。

现在，你看他成功了，我又要有一个新的哭泣的表情包了……

我告诉我的妻子我不会做这种事，因为我不想在未来的三四年里看到自己的表情包。这都是因为科比。我很确定，瓦妮莎和科比的朋友们都会说同样的东西——那就是科比知道以何种方式感染到你，即使他是个讨厌鬼。但你总是会爱他，因为他能激励出最好的你。他对我就是这样的。

我记得大概是几个月前，他给我发了一条短信，他说："我正在努力教我女儿一些动作。我不知道我当时在想什么，在做什么，你在想要锻炼动作的成长过程中会想什么？"我说："几岁？"他说："12。"我说："12 岁的时候，我想打棒球。"然后他回复我短信，嘲笑了我一番。而且，这也是在凌晨 2 点的时候。

关键是，我们可以谈论任何事情，不管是与篮球有关的，还是与生活有关的。而且，在我们成长的过程中，很少有朋友能像这样无所不谈。而当你能够与对手进行如这般的谈话，就更罕见了。

1999 年或者 2000 年的时候，我去见菲尔·杰克逊，我当时不知道他何时签了洛杉矶。我走进去，看到科比坐在那儿，他见到我的第一句话是："你带鞋了吗？"我说："没，我没想着要打球。"

但是他有热爱竞争和对抗的态度，他觉得这是可以让他提升他的能力的，这就是我爱这个孩子的地方。我非常喜爱这个孩子。他无论在哪里看到我，都（将我）视作一个挑战。我钦佩他是因为他的热情，你很少会看到一个人每天都在寻找（方法）努力提升自己，不仅是在运动方面，而且在为人父母方面、身为人夫方面。他所做的、他与瓦妮莎、与孩子们分享的举动都让我很受鼓舞。

我的女儿 30 岁了，我当上了外公。我有一对 6 岁的双胞胎。我迫不及待地要回家，成为一个女儿控，去拥抱她们，去享受她们带给我们的爱与微笑。今晚看到这些，我从中学到了，看着他（科比）如何对待他所爱的人，这些都是我们将继续向科比学习的东西。

致瓦妮莎、娜塔莉娅、碧昂卡、卡普里：我们夫妇将永远把你们放在心中最亲近的位置，为你们祈祷。我们会一直在你们身边，一直。我还要向所有受这一巨大悲剧影响的家庭表示慰问和支持。

科比把他的每一分每一秒都投入到他所做的每一件事情中，篮球比赛之后，他还展现了他的创造力，我想我们都不知道他有这样的创造力。退役后，他看起来很快乐。他发现了新的热情所在。作为一名教练，他继续回馈着社会。更重要的是，他是一个了不起的父亲，一个了不起的丈夫，他把自己奉献给了家庭，全心全意地爱着他的女儿们。科比从来没有在球场上留下任何东西。我想，这就是他想让我们做的。

没有人知道，我们的生命还剩下多少时间。这就是为什么我们必须活在当下，我们必须享受当下，我们必须尽可能多地与我们的家人、朋友和我们深爱的人在一起。活在当下，意味着享受与我们接触的每一个人相处的时光。

当科比去世，我的一部分也跟着他走了。当我环顾这个体育馆和全世界，你们的其中一部分也走了，否则你们就不会在这里了。这些都是我们要带着活下去的记忆，也是我们要从中学习的记忆。

我保证，从今天起，我将带着这样的记忆前行：我有一个小兄弟，我曾尽我所能想要帮助他。

请安息吧，小兄弟。

迈克尔·乔丹

（2020 年 2 月 24 日"生命的礼赞"科比追思会，乔丹致辞全文）

我们再也不会看到一位像科比这般特别的球员了，单场得到 81
分，最后一场比赛得到 60 分，还有 5 座总冠军奖杯。但想到科
比·布莱恩特，我最骄傲的部分是，整个洛杉矶有上百万人无
家可归，科比每一天都努力帮助他们拥有一个家，他一直致力
于此，充满热情。同时他也对成为一个好丈夫、好父亲、好的
导师充满热情。

对整个 NBA 来说这是一个艰难的时刻，我希望所有人能牵起手
来，我们需要共同面对这一艰难的时刻。团结起来，互相友爱，
科比肯定愿意看到我们如此，这很重要。接着，让我们一起默
哀 8 秒钟。

"魔术师"约翰逊

(2020 年 2 月 16 日，NBA 全明星赛前举行悼念科比的仪式，"魔术师"演讲缅怀科比)

NBA 大家庭对科比和他的女儿吉安娜去世的消息感到极为震惊。

科比向我们展示了非凡的天赋与对胜利的绝对渴望相融合，能
创造多大的可能性。他是我们这项运动有史以来最超凡的球员
之一，取得了无数辉煌的成就，其中包括：5 届 NBA 总冠军，
一次 MVP，18 次全明星，以及两枚奥运会金牌。但他却更会
因为对世界各地篮球爱好者的激励而被世人铭记。他对自己所
获得的智慧十分慷慨，并把与后辈球员分享这些智慧视为自己
的使命，也特别喜欢把他对于篮球的热爱传递给吉安娜。

我们向他的妻子瓦妮莎、他的家庭、洛杉矶湖人队以及整个篮
球世界致以诚挚的慰问。

NBA 官方

这次坠机事故对多个家庭来说都是一场悲剧，我要向瓦妮莎和失去亲人的家庭致敬。科比是天选之子，他在许多方面对许多人来说都是特别的，我们作为师徒的关系超越了普通关系，愿他在天堂安息。

菲尔·杰克逊
（NBA 传奇教练、科比恩师）

科比的离开是 NBA 的巨大损失，他是一名真正的楷模、传奇，我真的很难接受这样的事实。我们作为对手有过很多次交锋，我们都拼尽全力，对彼此尊重。我会时常缅怀和他一起对抗的日子，他是一个伟大的对手，也是一个伟大的朋友。

格雷格·波波维奇
（NBA 传奇教练）

科比是一个伟大的对手，是你在竞技体育中需要的角色。他有着极少数优秀运动员才拥有的基因，就像"老虎"伍兹和迈克尔·乔丹那样的名宿。

道格·里弗斯
（NBA 著名教练）

我为科比的父母、瓦妮莎、娜塔莉娅、碧昂卡、卡普里、科比的姐妹们和所有的 NBA 球迷感到难过。失去科比、吉安娜以及所有在直升机上的人，实在是一场悲剧，太不可思议了。我会永远爱科比，永远珍惜和他一起度过的时光。我看着他从一个精力充沛的孩子成长为一个男子汉，看着他改变了许多人的生活。是他让世界变得更美好。科比的精神将永存。

杰里·韦斯特
（NBA 名宿、科比的伯乐）

我很难用语言形容失去科比·布莱恩特的心情。我第一次见到科比时，他还是一个十一二岁的小男孩。作为科比父亲乔的朋友，我难以想象这会对乔和他的妻子带来多大的影响。在此我向科比一家致以最诚挚的悼念和祈祷。

科比以各种方式激励着新一代的年轻运动员，他是最早一批从高中直接进入 NBA 的球员，并且表现十分出色、统治了整个比赛，成为洛杉矶湖人队历史上最佳球员之一。我有幸观看了他拿下 81 分的那场比赛，那场比赛是我永生难忘的体育记忆。

卡里姆·阿卜杜尔—贾巴尔
（NBA 名宿）

言语无法表达我今天的感受，只有两个词充斥我的脑海：悲痛和心碎。从昨天我听到这个消息以后，无论我做什么，我都无法摆脱这种感受。人们永远会记得我们是如何在这个联盟中竞争的，但对于我来说，意义要深远得多。

我们的故事开始于我们一起从 NBA 的黄金一代被选入联盟，以至于在未来也还是一段佳话。然而，他对于比赛的尊重和敬意，在我们每一次共同踏上球场进行比赛时，我都能亲自见证。我始终无法忘怀的关于他的画面，是在我们新秀赛季时，我第一次到洛杉矶做客，他来到我所住的酒店，带我去了一个餐厅。当我们准备回程离开的时候，他问我："你今晚打算做些什么？"我回答："我准备去夜店，你呢？"他说："我准备去球馆。"

这就是他，一个对篮球保持着渴望的学生，为篮球、比赛而生的人。他永无止境地准备着。我们都可以从他的曼巴精神以及生活方式中学到东西。无论是作为对手、朋友还是兄弟，我都会永远尊重他。

我的思念和祈祷将会与他的妻子瓦妮莎、他的孩子、他整个家庭，以及其他在昨日悲剧中的遇难者同在。作为一个父亲，我没有办法去对他们的遭遇感同身受（太悲惨了）。我们现在的状态不太好，但我们会找到一起渡过难关的力量，因为那是科比想看到我们去做的事情。

阿伦·艾弗森
（NBA 传奇球星）

在过去几天里，我一直在考虑我是否还应该参与我在迈阿密的活动。一方面我想自己待着深思我的兄弟和他的家庭对我和我的家庭意味着什么。想想科比想要的，他会怎么做？科比希望我们能继续前进，庆祝生活。所以我们就那样做吧。我会把我周五晚上的所有收益都捐给那些失去亲人的家庭，还有科比和瓦妮莎的基金会。我们将一起纪念那些在周日悲剧中失去生命的人们。安息吧，我的兄弟，我的挚友、好哥们，黑曼巴。直到我们再次相遇。

沙奎尔·奥尼尔
（NBA 传奇球星、科比的湖人队队友）

我崩溃了，无语了，不敢相信，爱你科比。

凯文·加内特
（NBA 传奇球星）

科比像我大哥一样，我就是无法相信这个消息，你会一直存在我心里的，我的兄弟。

保罗·加索尔
（NBA 球星、科比的湖人队队友）

我的兄弟！真的讨厌我心里有那么多话想要说，此刻竟无语凝噎。我想说得最多的时候就是我说不出口的时候。我的内心因悲痛而呐喊，但却不能被听见。你不知道当我情绪低落的时候，要假装微笑有多难。你才打电话给我说，周五要来看我的比赛，你为我感到骄傲，"无论怎样，做真实的自己！"我们只是在开玩笑说你让吉安娜和她的队友们训练得如此刻苦。我说她们需要休息一天。这种痛苦是难以忍受的撕咬！兄弟，为什么？吉安娜，为什么？为什么要把悲伤和痛苦独留给瓦妮莎？这令我难以释怀。我知道我不该质疑上帝的意志，要知道上帝是不会犯错的。就好像雨总是落在那些需要阳光的人身上，生命中的有些时刻根本无法用语言来描述痛苦。这次就是。你会继续被深爱，你会被想念，你会永远被铭记，你所遗留的将会永存。我们的友谊永远不会被忘记。我知道你会在我身边，即便我看不见你。安息吧！"没有道别。无论你身在何处，你都在我们心中。"

卡梅隆·安东尼
（NBA 球星）

你给我的每一句话都会伴随我一生。

特雷·杨
（NBA 球星）

科比是我们所有人打球的理由。他是我们的乔丹、我们的英雄，是我们的最佳球员。作为南加州长大的孩子，他是每个孩子都想成为的那个人。

保罗·乔治
（NBA 球星）

我依然不知道我能不能够接受这件事情。我的父母总告诉我世界上的一切都事出有因，全部都是上帝的安排。但这件事不一样。手指骨折、跟腱断裂，任何伤病你都能挺过来。你战胜过一切！你就是这么与众不同！有时候我们之间的竞争太激烈了，以至于你都不知道我是如何把你作为我的前行目标！在你身上我能看到，如果想要成为像你一样的人，我究竟还需要付出多少努力！但你对比赛有再多的热爱，还是远不及你对你的女孩们的爱！全部 5 位你爱的人！

吉安娜，我们已经约定好了她和小保罗的婚事，她是多么美丽、多么有活力！当我看到退役的你享受人生的快乐，我默默祈祷，我希望我的宝贝女儿也能像吉安娜看你那样看我！我爱你，我的兄弟，我会一直一直想念你。我所有的爱与瓦妮莎和患难家庭同在。

克里斯·保罗
（NBA 球星）

许多人说不认识科比，但科比真的无处不在，做说唱音乐，赢下总冠军，结婚生子，在场上受伤以及在电视里哭泣。你可以从科比的身上看到一切，他把人生活到了极致。我有幸在 1988 年出生，因此我可以见证科比的一切以及他的辉煌。

凯文·杜兰特

> 我的英雄，我的偶像。您是我爱上篮球的原因，长大以后，我要像您一样。您能够成为我的良师益友，我充满感激。

杰森·塔图姆

（NBA 球星）

> 科比影响了我的生活，他是我开始打篮球的原因之一。在我的成长过程中，他是我的偶像。不，他不只是我的偶像，可能是一代人的偶像。对我们来说，他就是我们这代人的迈克尔·乔丹。

扬尼斯·阿德托昆博

（NBA 球星）

> 我们无法用言语去形容，这个悲伤的消息有多么令人震惊。科比是史上最伟大的运动员之一，也是个忠实的罗森内里。我们与科比的家人，以及所有被这悲剧影响的人同在。科比，你将永远被铭记。

AC 米兰官方

> 科比，我在布宜诺斯艾利斯见过你。祝你一切都好。也为科比的女儿以及同乘人员感到遗憾。再见，传奇。

迭戈·马拉多纳

（阿根廷传奇球星，2020 年 11 月 25 日，突发心梗去世，享年 60 岁）

"

这样的悲剧发生在科比身上之后，我花了几个小时才想好自己要写什么，但文字依然无法描述我内心的感受。他是一位非常特别的运动员、丈夫、父亲和朋友。写下这样的文字非常困难，但我们也知道自己失去了一个非常棒的人，也失去了他漂亮且充满天赋的女儿吉安娜，这真的令人心碎不已。对于自己热爱的运动，科比付出了自己的全部，他的精神激励着每一个人。他在遭遇病痛的时候坚持比赛，他在绝境的时候实现对比赛的终结，好像只有他才可以激励我变得更好。有时，我看篮球比赛的时候特意只看最后两分钟，因为我知道自己将会见证一些特别的事情。科比总是会谈论瓦妮莎和他漂亮的女儿们，他为她们感到自豪。对于自己的家庭和篮球，科比总是充满激情。科比致力于激励下一代的男孩和女孩去拥抱他所热爱的运动，他所留下的遗产将永垂不朽。对于瓦妮莎和孩子们，对于科比的篮球大家庭，对于昨天和他一样遭遇悲剧的人的家人，我和家人向他们致以哀悼之情，我和家人也爱着他们。

大卫·贝克汉姆
（英格兰传奇球星）

"

非常痛心得知科比和他的女儿丧生的消息。科比是一名真正的传奇，鼓舞着无数人。向他的家人和朋友，以及在坠机中不幸丧生的人的所有家人致以慰问。R.I.P. 传奇。

克里斯蒂亚诺·罗纳尔多
（葡萄牙足球球星）

我当时惊呆了。我当时正在跟儿子们一起看看新闻，然后看到这个消息，我当时都惊呆了。谁也不能相信这样的事情，一开始我以为是假新闻，但这的确发生了，当我意识过来的时候，一切很绝望。

当这样的事情发生，或者我们有什么严重的疾病，这些都会让我们意识到我们现在多么幸运，我们应该去享受现在。但我们总是在不停奔波，从一个地方到另一个地方，带着你的东西、你的家庭。有时你会忘了这些不幸的消息，但你需要记住这些不幸的事实，正是它们让我们知道怎么去享受生活，怎么去面对问题。

里奥·梅西
（阿根廷足球球星）

科比是一个伟大的导师，也是一位好朋友。没有足够的言语能够表达我对于布莱恩特一家，以及所有在这个悲剧中遭受痛苦的家庭的最深的同情。

希望上帝祝福你和你的吉安娜。谢谢你曾经在那里激励我，激励整个世界。你向运动员们展示了该如何去拼搏，如何去尊重运动。谢谢你为我们留下了无与伦比的精神。我永远不会忘记你无论到哪里都传播正能量的微笑。你和你的女儿会永远活在我们心里。R.I.P. 我的朋友，我爱你。

诺瓦克·德约科维奇
（塞尔维亚网球巨星、大满贯得主）

> 我今早醒来，听到了世界上最伟大的运动员之一不幸去世的可怕消息。科比·布莱恩特、他的女儿吉安娜和其他乘客。我向他的妻子和家人表示哀悼。我很震惊。

拉菲尔·纳达尔
（西班牙网球巨星、大满贯得主）

> 这很难用语言表达，我总觉得这不是真的。我跟所有人一样，非常震惊，这是最悲惨的日子之一。科比充满激情，好胜心极强！他每个晚上都展现出这一特征，不管是在球场上，还是在赛场外。在 NBA 历史上，并不是很多人可以做到这一点的。他的防守令人窒息。显然他曾经统治了进攻，但每一次比赛他都去对阵对方最好的球员，努力防死他们。我想这是他整个职业生涯最令人印象深刻的一面。然后，他在跟腱撕裂之后还站到罚球线上将罚球命中，这太坚韧了。

泰格·伍兹
（美国高尔夫巨星）

> 科比和吉安娜，这很难接受，我永远不会忘记你的慷慨，以及你在我最艰难的时刻与我共度的时光，我永远感激不尽，我的心与你和你的家人在一起。

玛丽亚·莎拉波娃
（俄罗斯网球天后、大满贯得主）

> 我很伤心地听到，我们失去了最伟大运动员之一的科比，包括我在内的许多人有这样的感受。我为他的家人和全世界仰望他的人们深感难过，愿他和他的女儿安息。

刘易斯·汉密尔顿
(F1 世界冠军)

> 科比是球场上的传奇，并且刚刚开启他第二段具有意义的人生。作为同样为人父母的人，听到吉安娜在事故中去世更让人心碎。米歇尔和我为瓦妮莎和整个科比的家庭送上最真挚的祝福和祈祷，这是令人悲伤的一天。

贝拉克·侯赛因·奥巴马
(美国前总统)

> 科比遇难的消息令人震惊和心碎。他那超凡的运动能力和人性远近皆知，令我钦佩。科比独一无二。我们的思绪和祈祷与他的家人、朋友以及粉丝同在。愿你安息。

蒂姆·库克
(苹果 CEO)

> 我的反应几乎和整个洛杉矶相同，当我们认为一切都很稳固时，危机就会悄然出现。我已经习惯了看到科比，和他交流……这样的意外会让你悲痛欲绝，这真是一次可怕的事件，我现在失去看球的乐趣了。

杰克·尼克尔森

(奥斯卡影帝、导演，科比的铁杆球迷，因常年订购湖人队 124 号位，因此称 124 号位为"尼克尔森专座"。他曾经为了科比炮轰湖人队管理层)

> 科比是超越了生命的传奇人物。愿他和所有在今天逝去的人都能安息。向他的家人致以爱和慰问。洛杉矶再也不会如常了。

莱昂纳多·迪卡普里奥

(美国演员、奥斯卡影帝)

> 听到这个无法想象的悲剧后，我的心碎成了玻璃，我无法想象这些家庭正在经历的事情。科比对我和我们所有人的人生都意义重大。向瓦妮莎、科比的家人以及这次事故中所有遇难者的家人致以我的祈祷、爱和无尽的慰问。

泰勒·斯威夫特

(美国流行天后)

我的心都碎了！震惊！丈夫、父亲、战略家、哲学家、诗人、战士、运动员、导演……你的关注点总是那样富有吸引力，科比，我的爱与你和你的家人同在。

查德维克·博斯曼

（美国演员、黑豹主演、2020年8月28日因罹患结肠癌去世，终年43岁）

他是个伟大且非常有魅力的人，也是有史以来最勤奋的运动员之一，但让我印象最深的是科比对他四个女儿的爱。在这个令人悲伤且震惊的日子里，让我们为她们、瓦妮莎、他的父母以及他同乘人员的家人而祈祷。我们永远不会忘记你，科比。

吉米·坎摩尔

（美国喜剧演员、作家、主持人）

PART 7

科比荣誉册

科比小档案

中文名:
科比·布莱恩特

英文名:
Kobe Bryant

出生地:
美国宾夕法尼亚州费城

出生日期:
1978 年 8 月 23 日

逝世日期:
2020 年 1 月 26 日

身高:
1.98 米

体重:
96 千克

毕业院校:
劳尔·梅里恩高中

NBA 选秀:
1996 年首轮第 13 顺位被夏洛特黄蜂队选中

效力球队:
洛杉矶湖人队

球衣号码:
8 号、24 号

退役日期:
2016 年 4 月 14 日

家庭成员:
妻子　瓦妮莎

大女儿　娜塔莉娅　　二女儿　吉安娜

三女儿　碧昂卡　　　四女儿　卡普里

个人荣誉

- **NBA 总冠军：**
  5 次
  （1999—2000 赛季、2000—2001 赛季、2001—2002 赛季、2008—2009 赛季、2009—2010 赛季）

- **NBA 总决赛 MVP：**
  2 次
  （2008—2009 赛季、2009—2010 赛季）

- **NBA 常规赛 MVP：**
  1 次
  （2007—2008 赛季）

- **NBA 得分王：**
  2 次
  （2005—2006 赛季、2006—2007 赛季）

- **NBA 最佳阵容：**
  15 次
  （一阵 11 次、二阵 2 次、三阵 2 次）

- **NBA 最佳防守阵容：**
  12 次
  （一阵 9 次、二阵 3 次）

- **NBA 新秀第二阵容：**
  1 次

- **NBA 周最佳球员：**
  33 次

- NBA 月最佳球员：
  17 次

- NBA 全明星：
  18 次

- NBA 全明星赛 MVP：
  4 次

- 1997 年全明星扣篮大赛冠军

- 2020 年入选 NBA 名人堂

- 2020 年入选费城体育名人堂

- 8 号和 24 号球衣均被湖人队退役

- 21 世纪前十年最佳 NBA 球员

- 2018 年奥斯卡最佳动画短片奖

- ESPY 奖 NBA 年度最佳球员：
  2 次
  （2008 年、2010 年）

- 奥运会冠军：
  2 次
  （2008 年北京奥运会、2012 年伦敦奥运会）

- 美洲杯男篮锦标赛冠军：
  1 次
  （2007 年）

其他荣誉

- 《今日美国》杂志评选 1995 年度美国高中最佳球员

- 1995 年度奈·史密斯美国高中最佳球员

- 1995 年度麦当劳全美高中明星赛最佳球员

- 2012 年美国著名篮球杂志 *DIME* 封面人物，获评"21 世纪最佳球员"

- 达拉斯独行侠队宣布将队中的 24 号球衣永久退役以纪念科比

● 最年轻首发球员：
18 岁 5 个月 5 天
（1997 年 1 月 28 日对阵独行侠队）

● 最年轻全明星首发球员：
19 岁 175 天
（1997—1998 赛季纽约全明星赛）

● 最年轻入选最佳新秀阵容：
21 岁 251 天
（1996—1997 赛季）

● 最年轻入选最佳防守阵容：
21 岁 251 天
（1999—2000 赛季）

● 季后赛最年轻 1000 分先生：
22 岁 263 天
（2001 年 5 月 13 日）

● 季后赛最年轻 2000 分先生：
24 岁 257 天
（2003 年 5 月 5 日）

● 季后赛最年轻 4000 分先生：
30 岁 264 天
（2009 年 5 月 18 日）

● 季后赛最年轻 5000 分先生：
31 岁 291 天
（2010 年 6 月 14 日）

● 最年轻 1000 场先生：
31 岁 184 天
（2010 年 2 月 24 日）

第三位职业生涯常规赛单场比赛得分 40+
超过 100 次的球员

历史首位连续 3 个赛季季后赛总得分超过 600 分的球员：

633 （2007—2008 赛季）

695 （2008—2009 赛季）

671 （2009—2010 赛季）

历史首位在 34 岁之后连续 10 场比赛得分 30+ 的球员：
（2012—2013 赛季）

参加圣诞大战场次最多：
16 次

历史上圣诞大战得分最多：
395 分

历史上连续入选 NBA 全明星赛次数最多：
18 次

首位在同一球队同时将两件球衣号码（8 号和 24 号）退役的球员

唯一一个超过 37 岁还能单场超过 60 分的球员
（60 分, 2016 年 4 月 14 日）

NBA 生涯最后一战得分最多的球员
（60 分, 2016 年 4 月 14 日）

NBA 历史上生涯投篮打铁总数第一
14481 次

湖人队纪录

- **队史最高总得分：**
  33643 分

- **队史季后赛最高总得分：**
  5640 分

- **队史单赛季最高总得分：**
  2832 分
  （2005—2006 赛季）

- **队史单场最高得分：**
  81 分
  （2006 年 1 月 22 日对阵猛龙队）

- **队史半场最高得分：**
  55 分
  （2006 年 1 月 22 日对阵猛龙队下半场）

- **队史单节最高得分：**
  30 分
  （2 次，2005 年 12 月 21 日对阵独行侠队第 3 节、
  2006 年 11 月 30 日对阵爵士队第 3 节）

- **职业生涯取得 60 分及以上最多：**
  6 场

- **职业生涯取得 50 分及以上最多：**
  26 场

- **单个赛季取得 50 分及以上最多：**
  10 场
  （2006—2007 赛季）

- **职业生涯取得 40 分及以上最多：**
  134 场

- **单个赛季取得 40 分及以上最多：**
  27 场
  （2005—2006 赛季）

连续得分 50+ 纪录：

4 场

（2007 年 3 月 16 日—23 日）

连续得分 40+ 纪录：

9 场

（2003 年 2 月 6 日—23 日）

连续得分 35+ 纪录：

13 场

（2003 年 1 月 29 日—2 月 23 日）

连续得分 20+ 纪录：

62 场

（2005 年 12 月 9 日—2006 年 4 月 19 日）

季后赛取得 30 分及以上最多：

88 场

为湖人队征战 1346 场比赛

常规赛上场时间最多：

48637 分钟

季后赛出场次数：

220 场

季后赛上场时间最多：

8641 分钟

为湖人队共取得 836 场胜利

为湖人队连续效力 20 个赛季

注：本书数据截止 2020—2021 赛季结束

图书在版编目（CIP）数据

科比，永不退场 . 致敬 / 段冉著 . -- 北京：北京时代华文书局 , 2021.10
ISBN 978-7-5699-4441-9

Ⅰ . ①科… Ⅱ . ①段… Ⅲ . ①布莱恩特 (Bryant, Kobe 1978-2020) —传记 Ⅳ . ① K837.125.47

中国版本图书馆 CIP 数据核字 (2021) 第 208765 号

科比，永不退场　致敬
KEBI YONGBU TUICHANG ZHIJING

著　　者｜段　冉

出 版 人｜陈　涛
选题策划｜董振伟　直笔体育
责任编辑｜周连杰
执行编辑｜王振强　王　昭　马彰羚
责任校对｜刘晶晶
装帧设计｜程　慧　贾静洁
责任印制｜訾　敬

出版发行｜北京时代华文书局 http：//www.bjsdsj.com.cn
　　　　　北京市东城区安定门外大街 138 号皇城国际大厦 A 座 8 楼
　　　　　邮编：100011　电话：010 - 64267955　64267677
印　　刷｜小森印刷（北京）有限公司 010 - 80215073
　　　　　（如发现印装质量问题，请与印刷厂联系调换）
开　　本｜710mm×1000mm　1/16　　印　张｜12　　字　数｜91 千字
版　　次｜2022 年 1 月第 1 版　　　　印　次｜2022 年 1 月第 1 次印刷
书　　号｜ISBN 978-7-5699-4441-9
定　　价｜248.00 元（全五册）

本书图片由视觉中国提供。极少数图片因无法联系上版权所有者，请所有者与出版社联系支付相关费用。